달달 읽고 **곰곰** 생각하는

달곰한 문해력 기본서

3~4학년 추천

초등
4단계
B

문해력은 글을 읽고 쓰는 기초 능력이자

글을 이해하고 분석하고 비판하고 문제를 해결하는 고도의 능력입니다.

그래서 기본기 없이는 문해력을 갖기 어렵습니다.

그렇다면 문해력의 기본기를 탄탄하게 하기 위해서는 무엇을 해야 할까요?

바로 글을 이루는 기본 단위부터 글을 정교하게 읽는 방법까지

개념 하나하나를 익히고, 그 개념들을 엮고 활용하는 훈련을 해야 합니다.

달곰한 문해력 기본서를 한 학년 동안 익히면 40개의 개념 퍼즐을 맞추게 되고,

전 학년 익히면 200개의 개념 퍼즐을 완성하게 됩니다.

그러면 우리가 상상하는 것보다 더 근사하고 굉장한 힘인 '문해력'을 갖게 될 것입니다.

문해력, 왜 필요한가요?

한 번 읽었던 지문은 이해도 잘 되고, 문제도 잘 풀어요.
그런데 다른 과목처럼 실력이 쌓이는 것 같지 않아요.
새로운 글을 읽을 때마다 다시 처음부터 시작이에요.

지금, 문해력의 기본을 익혀야 합니다.

용어만 다를 뿐 독해력과 문해력은 같은 것 아닌가요?

국어 공부뿐만 아니라 다른 과목의 학습을 위해서 둘 다 꼭 필요한 능력이지만 분명한 차이가 있습니다.

독해력

- 글을 읽고 이해하는 능력
- 글의 정보를 이해하고 이를 바탕으로 다양한 문제를 풀고 표현하는 능력

문해력

- 글을 읽고 이해하고, 분석하고, 표현하는 능력
- 글의 정보를 이해하고 글 속에 담긴 의도와 맥락을 분석하고 비판하는 능력

시험이 목표라면 독해력을 향상시키는 연습이 더 중요할 것이고,
국어 실력 향상이 목표라면 문해력으로 기본기를 탄탄히 다져야 합니다.

문해력인데 왜 교과서 개념으로 익혀요?

국어 교과서

- 말하고, 듣고, 읽고, 쓰는 활동을 배우는 과목
- 다른 과목의 내용까지 읽고 이해할 수 있도록 문해력 향상의 기본이 되는 과목

어떤가요?

문해력의 기본은 교과서 개념으로 다져야겠지요?

문해력 기본서는 일석삼조(一石三鳥)가 됩니다.

문해력의 기본을 익힌다

각 학년의 교육 과정에 있는 국어 교과서 개념을 다루어서 교과서 개념 학습을 따로 할 필요가 없습니다.

다른 과목의 자료를 읽고 이해하며 학습한 것에 대한 수행평가를 하는 데에도 큰 도움이 됩니다.

다양한 글을 비판적으로 분석하고 표현하는 능력은 중고등학교 학업 성과를 높이는 단단한 기초가 됩니다.

“달곰한 문해력 기본서와 함께
문해력 공부를 시작해 보세요”

문해력은 아이들의 미래를 결정짓는 가장 중요한 능력 중 하나입니다. 현대 사회에서 문해력은 단순히 글자를 읽고 쓰는 수준에 그치지 않고, 다양한 정보를 이해하고 분석하며, 자신의 생각을 논리적으로 표현하는 능력으로 확장되고 있습니다. 문해력은 **우리 아이들이 사회의 주역으로 성장하는 데 반드시 갖추어야 할 필수적인 능력인 것입니다.**

언론을 통해 문해력 저하를 우려하는 뉴스와 기사들을 종종 접합니다. 학교 현장에서 아이들을 가르치는 선생님들도 초등학생의 문해력 저하 현상을 실제로 체감하고 있습니다. 뿐만 아니라 다양한 연구 결과에서 문해력 저하와 관련된 지표들이 보고되고 있습니다. 교육 당국에서는 초등학생의 문해력 신장을 위해 다양한 정책을 추진하고 있습니다.

추천사 **방은수 교수님**

이런 흐름 속에 ‘달곰한 문해력 기본서’ 시리즈가 우리 소중한 아이의 문해력 향상을 목표로 출판되었습니다. 달곰한 문해력 기본서는 **초등 학교 국어 교과서에서 제시하는 기본 개념을 좋은 글과 함께 익힐 수 있도록 구성**되었습니다.

달곰한 문해력 기본서가 우리 아이의 문해력 향상에 큰 도움을 줄 것이라고 생각합니다.

문해력은 아이들이 잠재력을 최대한 발휘하면서 행복한 삶을 살아가는 데 필수적인 능력입니다.
우리 아이들이 스스로 생각하고 판단하며 세상과 소통할 수 있도록,
지금부터 달곰한 문해력 기본서와 함께 문해력 향상을 위한 노력을 시작해 보세요.

100명의 검토 교사 명단

신건철	서울구로초등학교	**공은혜**	서울보라매초등학교	**이내준**	서울신곡초등학교	**홍현진**	삼은초등학교	**박장호**	신곡초등학교
조민의	서울봉현초등학교	**양수영**	서울계남초등학교	**전채원**	인천봉수초등학교	**박병주**	김천동부초등학교	**이상명**	검산초등학교
박소연	서울연가초등학교	**조원대**	글빛초등학교	**김 솔**	양서초등학교	**김희진**	보름초등학교	**윤지현**	서울대치초등학교
김광희	인천연안초등학교	**김나영**	대전반석초등학교	**정선우**	대구하빈초등학교	**김성신**	수현초등학교	**조보현**	성산초등학교
김성혁	서울가인초등학교	**이화수**	인천용학초등학교	**안기수**	관호초등학교	**김효주**	현동초등학교	**정진희**	다솜초등학교
선주리	송운초등학교	**길수정**	천안삼거리초등학교	**이용훈**	군서초등학교	**강수민**	대전변동초등학교	**최흥섭**	대구한실초등학교
서미솔	서울우이초등학교	**박은솔**	샘말초등학교	**최이레**	구미원당초등학교	**김유나**	인천완정초등학교	**박한솔**	부곡중앙초등학교
김은영	서울신상계초등학교	**이상권**	인천백석초등학교	**구창성**	대구월곡초등학교	**김석민**	인천부평서초등학교	**이상은**	세종도원초등학교
박원영	서울도림초등학교	**정대준**	서울가동초등학교	**김재성**	수현초등학교	**박기병**	청원초등학교	**한동희**	대구세천초등학교
최보민	인천해서초등학교	**박다솔**	신일초등학교	**오인표**	인천새말초등학교	**이기쁨**	천안성성초등학교	**이영진**	신곡초등학교
차지혜	서울누원초등학교	**양성남**	새봄초등학교	**이석민**	상탄초등학교	**정하준**	천안성성초등학교	**노희창**	문산동초등학교
이근영	서울대방초등학교	**백신형**	서울증산초등학교	**이경희**	남양주월산초등학교	**배민지**	미사초등학교	**정민우**	참샘초등학교
윤우덕	서울가인초등학교	**김나현**	인천당산초등학교	**김동희**	청옥초등학교	**허영수**	구미신평초등학교	**박혜란**	수양초등학교
정혜린	서울구룡초등학교	**조상희**	남양주월산초등학교	**이서영**	신현초등학교	**최흥섭**	대구한실초등학교	**정금향**	한가람초등학교
김일두	성복초등학교	**이동민**	구미봉곡초등학교	**최병호**	인천장수초등학교	**이동훈**	서경초등학교	**조소희**	참샘초등학교
이혜경	개정초등학교	**정광호**	아름초등학교	**김연상**	하안북초등학교	**박빛나**	목포옥암초등학교	**배장현**	구미인덕초등학교
이지현	서울석관초등학교	**최지연**	서울원명초등학교	**조예진**	부천중앙초등학교	**심하루**	세종도원초등학교	**김규연**	금란초등학교
박다빈	서울연은초등학교	**이정민**	부천대명초등학교	**정혜란**	서울행현초등학교	**이연정**	서울길동초등학교	**김고운**	구미신평초등학교
김성은	서울역촌초등학교	**김성현**	인천용학초등학교	**서정준**	인천부평서초등학교	**윤미정**	차산초등학교	**정요원**	갈매초등학교
이지윤	대구새론초등학교	**심지현**	시흥월곶초등학교	**김효주**	현동초등학교	**이호석**	운정초등학교	**조민정**	다산새봄초등학교

이 책의 구성과 특징

1 개념 사전

그림으로 개념을 한눈에 이해하고, 꼭 알아야 할 교과 개념을 익혀요.

2 개념 확인

짧은 글에서 개념을 찾아보는 연습을 해 보세요.

3 긴 글 읽기

1회독 막연하게 읽지 말고 지문에 따른 읽기 방법을 적용해서 읽어 보세요.

4 구조 읽기

읽은 내용을 구조화하여 정리해 보세요.

2회독 정리가 잘 안 되면 다시 한 번 지문을 꼼꼼하게 읽어요.

5 꼼꼼한 이해

어휘, 글의 정보 등 글의 사실적인 내용을 확인해 보세요.

6 개념의 적용

앞에서 배운 개념이 글에 어떻게 적용되어 있는지 확인해 보세요.

7 생각과 판단

글의 의도, 내용의 옳고 그름 등 추론과 비판 활동을 해 보세요.

8 생각 펼치기

글을 읽고 이해한 자신의 생각을 글로 표현해 보세요.

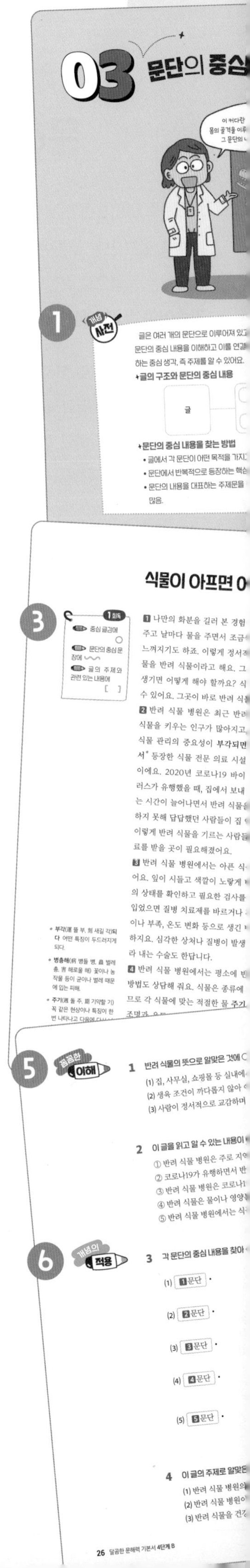

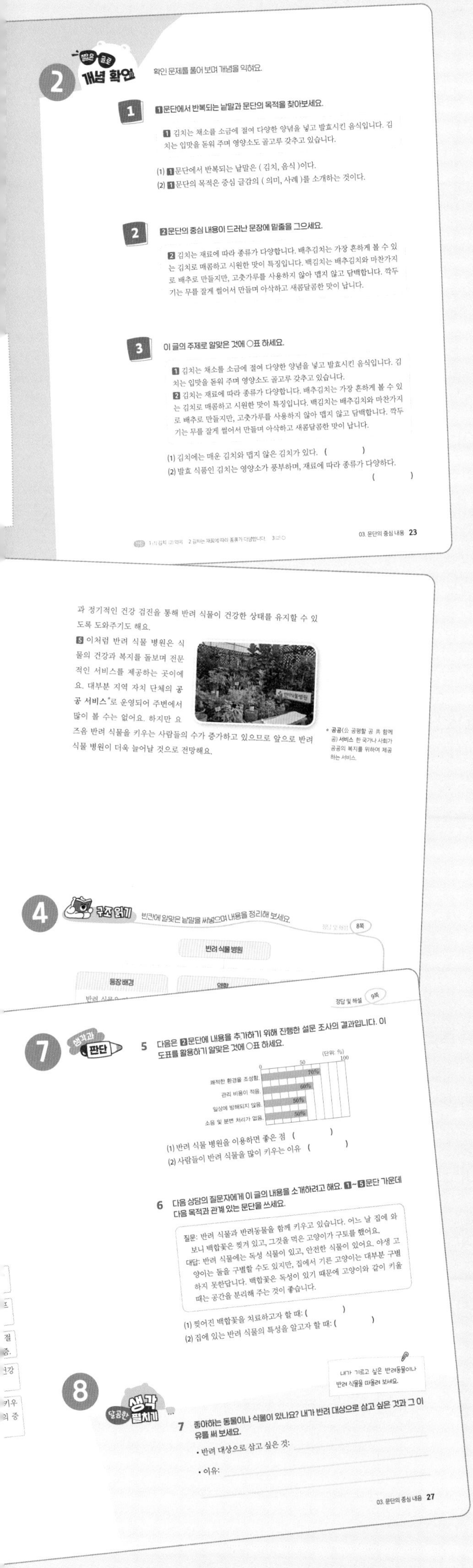
2 짧은 글로 개념 확인 확인 문제를 풀어 보며 개념을 익혀요.

1 ■문단에서 반복되는 낱말과 문단의 목적을 찾아보세요.

■ 김치는 채소를 소금에 절여 다양한 양념을 넣고 발효시킨 음식입니다. 김치는 입맛을 돋워 주며 영양소도 골고루 갖추고 있습니다.

(1) ■문단에서 반복되는 낱말은 (김치, 음식)이다.
(2) ■문단의 목적은 중심 글감의 (의미, 사례)를 소개하는 것이다.

2 ■문단의 중심 내용이 드러난 문장에 밑줄을 그으세요.

■ 김치는 재료에 따라 종류가 다양합니다. 배추김치는 가장 흔하게 볼 수 있는 김치로 매콤하고 시원한 맛이 특징입니다. 백김치는 배추김치와 마찬가지로 배추로 만들지만, 고춧가루를 사용하지 않아 맵지 않고 담백합니다. 깍두기는 무를 잘게 썰어서 만들며 아삭하고 새콤달콤한 맛이 납니다.

3 이 글의 주제로 알맞은 것에 ○표 하세요.

(1) 김치에는 매운 김치와 맵지 않은 김치가 있다. ( )
(2) 발효 식품인 김치는 영양소가 풍부하며, 재료에 따라 종류가 다양하다. ( )

03. 문단의 중심 내용 23

과 정기적인 건강 검진을 통해 반려 식물이 건강한 상태를 유지할 수 있도록 도와주기도 해요.

■ 이처럼 반려 식물 병원은 식물의 건강과 복지를 돌보며 전문적인 서비스를 제공하는 곳이에요. 대부분 지역 자치 단체의 공공 서비스*로 운영되어 주변에서 많이 볼 수는 없어요. 하지만 요즘 반려 식물을 키우는 사람들의 수가 증가하고 있으므로 앞으로 반려 식물 병원이 더욱 늘어날 것으로 전망해요.

4 구조 읽기 빈칸에 알맞은 낱말을 써넣으며 내용을 정리해 보세요.

반려 식물 병원

7 생각과 판단

5 다음은 ■문단에 내용을 추가하기 위해 진행한 설문 조사의 결과입니다. 이 도표를 활용하기 알맞은 것에 ○표 하세요.

(1) 반려 식물 병원을 이용하면 좋은 점 ( )
(2) 사람들이 반려 식물을 많이 키우는 이유 ( )

6 다음 상담의 질문자에게 이 글의 내용을 소개하려고 해요. ■~■문단 가운데 다음 목적과 관계 있는 문단을 쓰세요.

(1) 찢어진 백합꽃을 치료하고자 할 때: ( )
(2) 집에 있는 반려 식물의 특성을 알고자 할 때: ( )

8 달공한 생각 펼치기

7 좋아하는 동물이나 식물이 있나요? 내가 반려 대상으로 삼고 싶은 것과 그 이유를 써 보세요.

• 반려 대상으로 삼고 싶은 것:
• 이유:

03. 문단의 중심 내용 27

달곰한 문해력 기본서의 3회독 학습법

1 회독

글의 내용을 파악하며 읽기

+ 글의 특성에 따른 읽기 전략 제공
+ 읽기 전략에 따라 교재의 본문에 메모하며 읽으세요.

2 회독

다시 한 번 꼼꼼하게 읽기

+ 빠르게 읽기는 읽기 방법이 완성된 뒤에 해도 늦지 않아요.
+ 내용 정리가 어려울 때는 다시 한 번 본문 내용을 메모하며 읽어요.

3 회독

자신만의 읽기 방법 만들기

+ **정답과 해설**의 읽기 예시와 내가 메모한 내용을 비교해 가며 자신만의 읽기 방법을 만들어요.

이 책의
차례

1주

2주

1 주차에서 우리는

01 시의 감상

02 낱말들의 관계 - 유의어와 반의어

03 문단의 중심 내용

04 인터뷰의 특징

05 주장과 근거

문해력 개념	긴 글 읽기 지문	공부한 날
시의 내용과 표현 방식을 살펴보며 시 감상하기	넘어 선, 안 될 선	월 일
유의어와 반의어를 살펴보며 글의 내용을 정확하게 이해하기	소비자를 속이는 기업의 꼼수	월 일
문단의 중심 내용과 글의 주제 이해하기	식물이 아프면 어떻게 할까요?	월 일
질문과 답변이 적절한지 살펴보며 인터뷰 글 읽기	초등학생의 학업 스트레스	월 일
주장을 뒷받침하는 근거가 적절한지 판단하며 주장하는 글 읽기	촉법소년의 나이를 낮춰야 한다	월 일

01 시의 감상

개념 사전

모든 글은 글에서 이야기하고자 하는 것, 즉 주제를 파악하며 읽어야 해요. 시도 마찬가지예요. 주제를 이해하고, 이를 자신에게 적용하여 공감하며 읽어야 해요. 시 속에서 말하는 이의 상황과 감정을 살펴보고 전체적인 분위기를 느끼며 시를 감상해 봐요.

+ 시를 감상하는 방법

- 시에 나타난 장면을 떠올리며 시에서 말하는 이가 어떤 상황에 처해 있는지 살펴봄.
- 말의 느낌을 살려 읽으면서 시에 사용된 표현 방법과 그 의미를 이해함.
- 시의 주제를 파악하여 자신의 경험과 관련지음.

짧은 글로 개념 확인

확인 문제를 풀어 보며 개념을 익혀요.

1 시를 읽고 떠오르는 장면으로 알맞은 것을 찾아 선으로 이으세요.

(1)
연못에 뚝뚝 빗방울이 떨어져요
길고 굵은 빗줄기
둥글게 둥글게 퍼져 나가요

(2)
해님 따라 고개 갸웃
노란 얼굴 활짝 웃네
따스한 햇살 가득 담아
세상을 향해 빛을 낸다

①

②

2 시에 대한 감상으로 알맞지 않은 것에 ×표 하세요.

울던 아이도 잠든 캄캄한 밤
째깍째깍 시계 소리만 커져
모두가 잠든 고요한 밤
잠 이루지 못한 심장만 더 빨리 뛰네
조용히 해 달라고 속삭여도
시계는 아랑곳없이
째깍째깍 밤새도록 홀로 우네

(1) 모두가 잠든 조용한 밤에 아이가 우는 장면이 그려져. (　　　　)
(2) 소리를 흉내 내는 말이 반복되어 읽을 때 리듬감이 느껴져. (　　　　)
(3) 시계 소리가 크게 들려서 밤늦게까지 잠들지 못했던 경험이 떠올라. (　　　　)

정답 1 (1)② (2)① 2 (1)×

Z 교시
글 신민규

넘어 선, 안 될 선

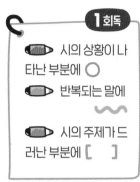

1회독
시의 상황이 나타난 부분에 ○
반복되는 말에 〰
시의 주제가 드러난 부분에 [ ]

넘어오지 마 이 선
넘어오면 다 내 꺼
샤프 볼펜 지우개 수첩
하나라도 넘어오면 다 내 꺼

㉠왜 이렇게 **야박해**
㉡뭣 땜에 날 미워해
화난 게 있으면 얘기해 내게
꼬인 우리 사이 다 풀어 줄게

다 필요 없고 알 거 없고
너란 애는 지겨워 제발 저리 고고
어? 샤프가 넘어왔네 내 꺼
지우개가 넘어왔네 내 꺼

㉢잠깐만 아니 잠깐만
샤프 볼펜 수첩 다 줄게
부탁이야 돌려줘 지우개
㉣우리 사이 가른 선 지우게

㉤넘어가고 싶어
돌아가고 싶어
모든 걸 다 잊고
즐거웠던 때로

- **야박(**野 들 야, 薄 엷을 박**)하다** 인정이 없다.

넘어가고 있어

돌아가고 있어

㉮눈부신 오후 햇살

행복했던 때로

구조 읽기

빈칸에 알맞은 낱말을 써넣으며 내용을 정리해 보세요.

정답 및 해설 4쪽

1연	2연	3연
짝이 책상에 ❶ [ㅅ]을 긋고 넘어오지 말라고 선언함.	짝에게 화해를 제안했으나 받아들여지지 않음.	짝이 선을 넘은 물건들을 가져감.

4연	5연	6연
짝에게 선을 지울 ❷ [ㅈ][ㅇ][ㄱ]만은 돌려달라고 함.	❸ [ㅉ]과 다투기 이전의 즐거웠던 때로 돌아가고 싶음.	짝과의 관계가 회복되기를 바람.

2회독 빈칸을 채우지 못했다면 다시 꼼꼼히 읽어요!

꼼꼼한 **이해**

1 이 시에 나타난 상황으로 알맞지 않은 것은 무엇인가요? (　　　)

① 짝이 선을 넘어온 샤프와 지우개를 빼앗았다.
② 짝이 책상에 선을 긋고 넘어오지 말라고 하였다.
③ 말하는 이는 짝에게 지우개를 돌려 달라고 부탁하였다.
④ 짝은 자신이 화가 난 이유를 말하는 이에게 알려 주었다.
⑤ 짝은 화해를 거부하며 말하는 이에게 저리 가라고 하였다.

2 ㉠~㉤에 나타난 말하는 이의 마음으로 알맞지 않은 것은 무엇인가요? (　　　)

① ㉠: 짝의 행동이 이해되지 않음.
② ㉡: 짝의 행동에 서운함.
③ ㉢: 갑작스러운 짝의 행동에 당황함.
④ ㉣: 다툼이 일어나 짝에게 미안함.
⑤ ㉤: 짝과 다투기 이전으로 돌아가고 싶음.

개념의 **적용**

3 이 시에서 다음 선생님이 설명하는 말에 해당하는 것은 무엇인가요? (　　　)

선생님: 시에서 반복되는 말은 시를 읽을 때 리듬감을 주고, 시에서 전달하고자 하는 내용을 강조해요. 이 시에서도 반복되는 말을 많이 사용하여 음악과 같은 느낌을 만들고 짝과의 관계를 회복하고 싶은 말하는 이의 마음을 강조하고 있어요.

① 하나라도　② 얘기해　③ 지겨워
④ 넘어가고　⑤ 잊고

4 이 시에 드러난 상황을 자신의 경험과 연관 지어 이해한 친구의 이름을 쓰세요.

예나: 친구가 쓴 줄임말을 듣고 재미있다고 느꼈던 일이 생각났어.
수아: 늦잠을 자서 학교에 지각할까 봐 조마조마했던 일이 떠올랐어.
강율: 친구와 싸운 뒤 친구가 사과를 받아 주지 않아서 슬펐던 일이 떠올랐어.

(　　　　　)

생각과 판단

5 이 시의 제목에 대해 친구들이 주고받은 이야기 중 알맞은 것은 무엇인가요? (　　　　)

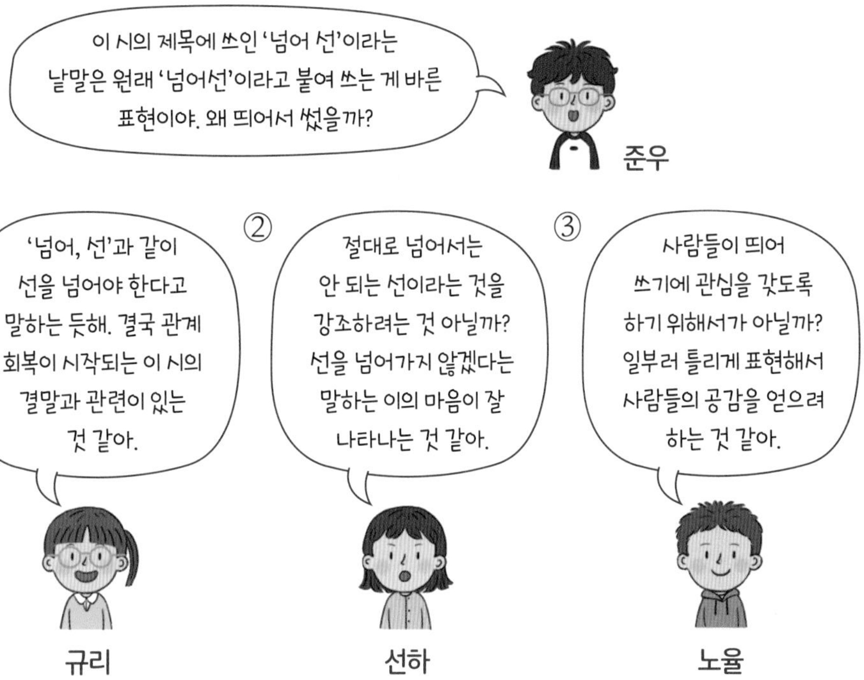

이 시의 제목에 쓰인 '넘어 선'이라는 낱말은 원래 '넘어선'이라고 붙여 쓰는 게 바른 표현이야. 왜 띄어서 썼을까?
준우
①
'넘어, 선'과 같이 선을 넘어야 한다고 말하는 듯해. 결국 관계 회복이 시작되는 이 시의 결말과 관련이 있는 것 같아.
규리
②
절대로 넘어서는 안 되는 선이라는 것을 강조하려는 것 아닐까? 선을 넘어가지 않겠다는 말하는 이의 마음이 잘 나타나는 것 같아.
선하
③
사람들이 띄어 쓰기에 관심을 갖도록 하기 위해서가 아닐까? 일부러 틀리게 표현해서 사람들의 공감을 얻으려 하는 것 같아.
노율

6 ㉮ '눈부신 오후 햇살'을 바르게 이해한 것에 ○표 하세요.

(1) 짝과 사이 좋게 지냈던 때를 표현한 것이다. (　　　　)

(2) 짝이 화가 난 이유를 말해 주기를 바라는 마음이 담겨 있다. (　　　　)

(3) 짝이 책상에 선을 그으며 넘어오지 말라고 했던 때의 날씨를 나타낸 것이다. (　　　　)

달곰한 생각 펼치기

이 시의 내용과 비슷한 자신의 경험을 떠올려 봐요.

7 이 시를 읽고 떠오르는 자신의 경험을 짧은 글로 표현해 보세요.

02 낱말들의 관계 – 유의어와 반의어

오늘(수) 전국 곳곳 소나기
요즘 폭염이 계속되고 있는데요. 불더위에 지치신 분들이 많으실 것입니다. 오늘 전국에 비 소식이 있습니다. 내일 비가 그친 후 기온이 낮아져 서늘하고, 모레부터 다시 기온이 높아지겠습니다.

개념 사전

글을 읽을 때에 낱말들의 관계를 잘 파악하면 글의 내용을 이해하고 정리하는 데 많은 도움이 돼요. 글에서는 같은 단어를 반복해서 사용하는 것을 피하기 때문에 유의어를 알면 내용을 이해하기 쉬워요. 또 반의어를 알고 있으면 이야기하는 내용과 반대되는 내용을 정리하는 데 도움이 돼요.

+ **유의어** 뜻이 서로 비슷한 말
  예 폭염–불더위, 따뜻하다–포근하다, 이따금–가끔
+ **반의어** 뜻이 서로 반대되는 말
  예 낮다 ↔ 높다, 덥다 ↔ 춥다, 위 ↔ 아래

짧은 글로

개념 확인

확인 문제를 풀어 보며 개념을 익혀요.

1 **밑줄 친 낱말의 반의어를 기본형으로 쓰세요.**

열대 기후는 일 년 내내 기온이 높고, 강수량이 많은 편입니다.

(1) '높다'의 반의어: (　　　　　)

(2) '많다'의 반의어: (　　　　　)

2 **밑줄 친 낱말의 유의어로 알맞은 것에 ○표 하세요.**

스마트 농장에서는 농작물을 기르는 데 적절한 환경을 디지털 기기를 이용해 원격으로 유지하고 관리할 수 있습니다.

(1) '기르는'의 유의어: (고르는, 키우는)

(2) '이용해'의 유의어: (사용해, 개발해)

3 **㉠~㉣ 가운데 파란색 낱말의 반의어와 유의어를 찾아 기호를 쓰세요.**

봄에 싹이 나서 ㉠자라고 꽃이 피고 진 후 열매를 맺어 대를 잇고, 그 해 가을에 죽는 식물을 한해살이 식물이라고 합니다. 꽃이 ㉡지고 열매가 ㉢열린 후 죽지 않고 뿌리가 살아 있어 다음 해 다시 싹을 ㉣틔우는 식물은 여러해살이 식물이라고 합니다.

(1) '피고'의 반의어: (　　　　　)

(2) '맺어'의 유의어: (　　　　　)

정답 1 (1) 낮다 (2) 적다　2 (1) 키우는 (2) 사용해　3 (1) ㉡ (2) ㉢

소비자를 속이는 기업의 꼼수

1회독

설명하려는 대상에 ○

유의어에 〰

반의어에 [ ]

"어휴, 물가가 너무 올라서 장 보기가 무섭네."

하소연하는 어른들의 말을 들어 본 적이 있나요? 마트에서 1,000원 하던 과자가 1,200원으로 가격이 오른다면 같은 과자를 사기 위해 200원을 더 지불해야 합니다. 수입은 그대로인데, 물가가 꾸준히 올라간다면 사람들은 생활이 어려워져서 물건을 이전처럼 사지 않을 거예요. 소비가 줄어든다면, 기업들의 이익도 줄어듭니다. 이와 같은 상황에서 일부 기업은 이익을 늘리려고 소비자의 눈을 속이기 위해 **꼼수**•를 사용하기도 합니다.

㉠첫 번째 방법은 물건의 가격은 그대로 두면서 상품의 크기나 용량을 줄이는 것입니다. 한 봉지에 210g씩 들어 있던 과자의 양을 190g으로 줄이거나, 350ml였던 음료수 캔의 크기를 330ml로 줄이는 것입니다. 소비자 입장에서는 같은 돈을 내고 더 적은 양의 제품을 구입하게 되니 사실상 가격이 오른 것과 마찬가지입니다.

㉡두 번째 방법은 가격과 상품의 용량은 그대로 두면서 상품의 질을 떨어뜨리는 것입니다. 이는 첫 번째 방법보다 더 **교묘합니다**•. 예를 들어 사용하던 원료를 국산에서 값이 싼 외국산으로 대체하거나, 과일 주스의 과즙 함량을 100%에서 80%로 줄입니다. 또 음식점에서는 튀김 기름으로 100% 올리브 오일을 사용하다가 저렴한 기름을 섞어 사용하기도 합니다. 소비자들은 같은 값을 지불하고 질적으로 하락한 제품을 사게 됩니다.

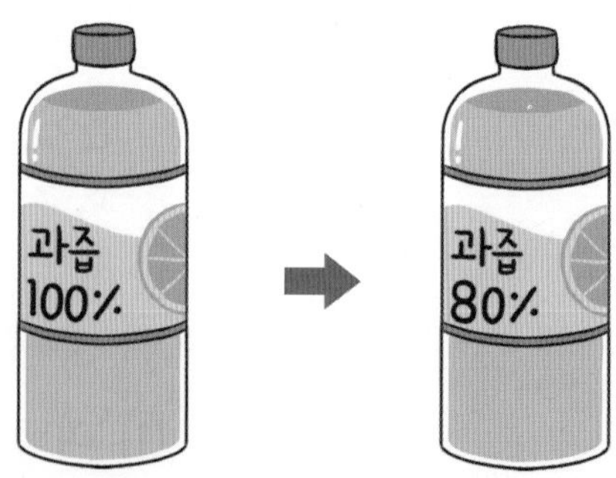

기업들은 인건비, 원료 등의 가격이 오르는 상황에서 수익을 내기 위한 어쩔 수 없는 선택이라고 말합니다. 하지만 피해는 고스란히 소비자의 몫입니다. 가격표만 보고 물건을 고르는 소비자들은 상품의 용량이 줄어든

• **꼼수** 쩨쩨한 수단이나 방법.

• **교묘**(巧 공교할 교, 妙 묘할 묘)**하다** 솜씨나 재주 따위가 재치 있게 약삭빠르고 묘하다.

것이나 상품의 질이 하락한 것을 알아채기가 어렵기 때문입니다. 이러한 **행태**•는 기업에 대한 소비자의 불만과 불신을 키우고, 제품의 경쟁력과 기업의 이미지를 손상시킬 수 있습니다.

그러므로 기업은 소비자와의 신뢰 관계를 지키기 위해서 제품의 품질을 낮추지 않고 비용을 줄일 수 있는 방법을 찾아야 합니다. 원래 사용하던 원료와 품질은 같지만 가격은 저렴한 대체 재료를 개발하는 것처럼 말입니다. 또한 기업들의 꼼수를 막을 수 있는 정부 차원의 실질적인 대책도 필요합니다. 최근 정부는 기업이 제품의 용량 등 중요 사항을 변경하는 경우 3개월간 소비자에게 알리도록 하는 규정을 만들었습니다. 조금 늦었지만 소비자들을 보호할 수 있는 장치가 마련된 것입니다. 이런 법적 제도 외에도 소비자들이 기업들의 꼼수 앞에 눈 뜨고 코 베이지 않기 위해서 현명하게 소비하는 태도를 갖추는 것이 무엇보다 중요할 것입니다.

• **행태**(行 다닐 행, 態 모습 태) 행동하는 양상. 주로 부정적인 의미로 씀.

구조 읽기 빈칸에 알맞은 낱말을 써넣으며 내용을 정리해 보세요.

정답 및 해설 6쪽

소비가 위축된 상황에서 일부 기업은 ❶ ㅇ ㅇ 이 줄어드는 것을 막기 위해 꼼수를 사용함.

↓

꼼수의 종류
- 첫 번째 방법: 물건의 가격은 그대로 두고, 상품의 크기나 ❷ ㅇ ㄹ 을 줄임.
- 두 번째 방법: 가격과 상품의 용량은 그대로 두고, 상품의 질을 떨어뜨림.

↓

• 기업의 꼼수로 인해 소비자와 기업의 신뢰 관계가 손상될 수 있음.
• 기업의 노력, 정부 차원의 ❸ ㄷ ㅊ 과 소비자들의 현명한 소비 태도가 필요함.

2 회독 빈칸을 채우지 못했다면 다시 꼼꼼히 읽어요!

꼼꼼한 **이해**

1 일부 기업이 꼼수를 사용하는 까닭으로 알맞은 것에 ○표 하세요.

(1) 제품의 수출을 늘리려고 (   )

(2) 기업의 이미지를 좋게 만들려고 (   )

(3) 기업의 이익이 줄어드는 것을 막으려고 (   )

2 이 글에서 알 수 있는 내용으로 알맞지 않은 것은 무엇인가요? (   )

① 현실적으로 소비자들이 기업들의 꼼수를 알아채기는 어렵다.

② 수입은 그대로인데 물가가 오르면 소비자들의 소비가 줄어든다.

③ 소비자들의 소비가 줄어들면 그만큼 기업들의 이익이 줄어든다.

④ 기업들은 가격을 올리려고 상품의 질을 높이는 꼼수를 사용하기도 한다.

⑤ 기업들은 제품의 주요 사항이 변경되면 이를 3개월간 소비자에게 알려야 한다.

개념의 **적용**

3 이 글에 나타난 낱말들을 짝 지은 관계가 나머지와 다른 하나는 무엇인가요? (   )

① 용량 – 양

② 가격 – 값

③ 상품 – 제품

④ (물건을) 사다 – 구입하다

⑤ 줄다 – 늘다

4 다음 빈칸에 알맞은 말을 보기에서 찾아 쓰세요.

보기: 소비 이익 불신 신뢰 제도

기업이 꼼수를 쓰게 되면 소비자와의 (   ) 관계가 깨지고, 기업에 대한 소비자의 (   )이 커진다.

※ 빈칸에 들어갈 말은 서로 반의어입니다.

생각과 판단

5 다음 ㉮~㉱를 ㉠과 ㉡의 사례로 나누어 기호를 쓰세요.

㉮ 5개에 3,000원 하던 음료를 4개에 3,000원에 파는 경우
㉯ 햄버거에 들어가는 양상추와 토마토의 양을 줄여 만드는 경우
㉰ 국산 사과로 만들던 사과즙을 값이 싼 수입 사과로 바꾸어 만드는 경우
㉱ 200g 한 봉지를 1,500원에 팔던 과자의 용량을 줄여 180g 한 봉지를 1,500원에 파는 경우

(1) ㉠: (　　　　　　　　)　(2) ㉡: (　　　　　　　　)

6 **보기**의 A 회사가 이 글의 의도에 따라 이익을 늘릴 수 있는 방법으로 알맞은 것을 찾아 기호를 쓰세요.

보기

A 회사는 용량이 100g인 초콜릿을 1,500원에 판매하고 있습니다. 그런데 사용하던 원료의 가격이 상승하여 이익이 줄어들게 되었습니다.

㉮ 소비자들에게 동일한 가격으로 팔기 위해 용량을 95g으로 변경한다.
㉯ 초콜릿의 가격을 1,700원으로 올린 후, 제품의 포장지를 바꿔서 새로 나온 것처럼 홍보한다.
㉰ 현재 사용하는 원료와 품질은 같지만 더 저렴한 대체 재료를 사용해 100g을 1,500원에 판매한다.

(　　　　　　　　)

마지막 문단에서 말한 현명한 소비 태도와 관련하여 생각해 보세요.

달곰한 생각 펼치기

7 소비자가 어떤 태도를 가지면 '꼼수'를 사용하는 기업이 줄어들 수 있을지 자신의 생각을 써 보세요.

03 문단의 중심 내용

다음 공룡의 사진을 보세요.
이 커다란 공룡은 어떻게 중심을 잡고 있는 걸까요?
몸의 골격을 이루는 뼈가 보이죠? 글도 골격을 잡아 주는 문단과
그 문단의 내용들이 주제에 맞게 연결되어 있답니다.

개념 사전

글은 여러 개의 문단으로 이루어져 있고 각 문단마다 하나의 중심 내용을 가지고 있어요. 문단의 중심 내용을 이해하고 이를 연결해서 정리하면 글 전체의 내용과 글에서 전하려고 하는 중심 생각, 즉 주제를 알 수 있어요.

+ 글의 구조와 문단의 중심 내용

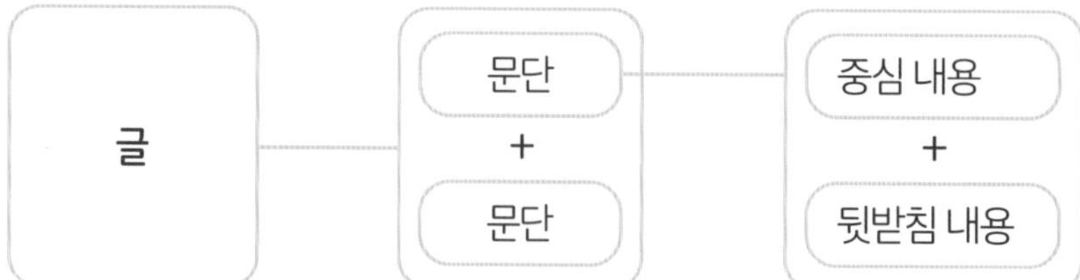

+ 문단의 중심 내용을 찾는 방법

- 글에서 각 문단이 어떤 목적을 가지고 있는지 파악함.
- 문단에서 반복적으로 등장하는 핵심 낱말을 찾음.
- 문단의 내용을 대표하는 주제문을 찾음. 보통 첫 문장이나 마지막 문장에 있는 경우가 많음.

짧은 글로

개념 확인

확인 문제를 풀어 보며 개념을 익혀요.

1

1 문단에서 반복되는 낱말과 문단의 목적을 찾아보세요.

1 김치는 채소를 소금에 절여 다양한 양념을 넣고 발효시킨 음식입니다. 김치는 입맛을 돋워 주며 영양소도 골고루 갖추고 있습니다.

(1) 1 문단에서 반복되는 낱말은 (김치, 음식)이다.

(2) 1 문단의 목적은 중심 글감의 (의미, 사례)를 소개하는 것이다.

2

2 문단의 중심 내용이 드러난 문장에 밑줄을 그으세요.

2 김치는 재료에 따라 종류가 다양합니다. 배추김치는 가장 흔하게 볼 수 있는 김치로 매콤하고 시원한 맛이 특징입니다. 백김치는 배추김치와 마찬가지로 배추로 만들지만, 고춧가루를 사용하지 않아 맵지 않고 담백합니다. 깍두기는 무를 잘게 썰어서 만들며 아삭하고 새콤달콤한 맛이 납니다.

3

이 글의 주제로 알맞은 것에 ○표 하세요.

1 김치는 채소를 소금에 절여 다양한 양념을 넣고 발효시킨 음식입니다. 김치는 입맛을 돋워 주며 영양소도 골고루 갖추고 있습니다.
2 김치는 재료에 따라 종류가 다양합니다. 배추김치는 가장 흔하게 볼 수 있는 김치로 매콤하고 시원한 맛이 특징입니다. 백김치는 배추김치와 마찬가지로 배추로 만들지만, 고춧가루를 사용하지 않아 맵지 않고 담백합니다. 깍두기는 무를 잘게 썰어서 만들며 아삭하고 새콤달콤한 맛이 납니다.

(1) 김치에는 매운 김치와 맵지 않은 김치가 있다. (　　　　)

(2) 발효 식품인 김치는 영양소가 풍부하며, 재료에 따라 종류가 다양하다. (　　　　)

정답 1 (1) 김치 (2) 의미 2 김치는 재료에 따라 종류가 다양합니다. 3 (2) ○

식물이 아프면 어떻게 할까요?

1회독

중심 글감에 ○

문단의 중심 문장에 ～～

글의 주제와 관련 있는 내용에 [ ]

1 나만의 화분을 길러 본 경험이 있나요? 내가 심은 씨앗에 이름을 붙여 주고 날마다 물을 주면서 조금씩 자라나는 모습을 보면, 가족 같은 정이 느껴지기도 하죠. 이렇게 정서적으로 교감하며 애정을 가지고 키우는 식물을 반려 식물이라고 해요. 그런데 나의 소중한 반려 식물에 진딧물이 생기면 어떻게 해야 할까요? 식물도 아프면 병원에 찾아가 치료를 받을 수 있어요. 그곳이 바로 반려 식물 병원이랍니다.

2 반려 식물 병원은 최근 반려 식물을 키우는 인구가 많아지고, 식물 관리의 중요성이 **부각되면서**• 등장한 식물 전문 의료 시설이에요. 2020년 코로나19 바이러스가 유행했을 때, 집에서 보내는 시간이 늘어나면서 반려 식물을 찾는 수요가 증가했어요. 야외 활동을 하지 못해 답답했던 사람들이 집 안에서 자연을 느끼고 싶었기 때문이죠. 이렇게 반려 식물을 기르는 사람들이 늘어나자 반려 식물이 병이 들면 진료를 받을 곳이 필요해졌어요.

3 반려 식물 병원에서는 아픈 식물의 건강 문제를 진단하고 치료해 주어요. 잎이 시들고 색깔이 노랗게 변하거나 **병충해**• 등으로 병이 든 식물의 상태를 확인하고 필요한 검사를 통해 병의 원인을 분석해요. 병충해를 입었으면 질병 치료제를 바르거나 뿌려 주기도 하고, 물이나 양분의 과잉이나 부족, 온도 변화 등으로 생긴 병이라면 입원 치료실에서 치료하기도 하지요. 심각한 상처나 질병이 발생한 경우에는 식물의 잎이나 줄기를 잘라 내는 수술도 한답니다.

4 반려 식물 병원에서는 평소에 반려 식물을 적절하게 관리할 수 있는 방법도 상담해 줘요. 식물은 종류에 따라 살아가는 조건이나 환경이 다르므로 각 식물에 맞는 적절한 물 **주기**•가 있어요. 또한 식물에 따라 알맞은 조명과 온도, 토양과 비료가 필요하지요. 반려 식물 병원에서는 식물의 특성을 고려해 어떤 환경을 만들어 주어야 하는지 알려 줘요. 예방 접종

- **부각**(浮 뜰 부, 刻 새길 각)**되다** 어떤 특징이 두드러지게 되다.
- **병충해**(病 병들 병, 蟲 벌레 충, 害 해로울 해) 꽃이나 농작물 등이 균이나 벌레 때문에 입는 피해.
- **주기**(週 돌 주, 期 기약할 기) 꼭 같은 현상이나 특징이 한 번 나타나고 다음에 다시 나타나기까지의 기간.

과 정기적인 건강 검진을 통해 반려 식물이 건강한 상태를 유지할 수 있도록 도와주기도 해요.

5 이처럼 반려 식물 병원은 식물의 건강과 복지를 돌보며 전문적인 서비스를 제공하는 곳이에요. 대부분 지역 자치 단체의 **공공 서비스**•로 운영되어 주변에서 많이 볼 수는 없어요. 하지만 요즈음 반려 식물을 키우는 사람들의 수가 증가하고 있으므로 앞으로 반려 식물 병원이 더욱 늘어날 것으로 전망해요.

• **공공**(公 공평할 공 共 함께 공) **서비스** 한 국가나 사회가 공공의 복지를 위하여 제공하는 서비스.

구조 읽기 빈칸에 알맞은 낱말을 써넣으며 내용을 정리해 보세요.

정답 및 해설 8쪽

반려 식물 병원

등장 배경	역할	전망
반려 식물을 키우는 사람들이 많아지고, ❶ ㅅ ㅁ 관리의 중요성이 부각됨.	• 아픈 식물의 건강 문제를 진단하고 ❷ ㅊ ㄹ 함. • 식물을 관리하는 방법을 상담함.	반려 식물을 키우는 사람들의 수가 증가하고 있어 반려 식물 병원이 더 늘어날 것으로 전망함.

2 회독 빈칸을 채우지 못했다면 다시 꼼꼼히 읽어요!

꼼꼼한 **이해**

1 **반려 식물의 뜻으로 알맞은 것에 ○표 하세요.**

(1) 집, 사무실, 쇼핑몰 등 실내에서 흔히 볼 수 있는 식물 (　　　　)
(2) 생육 조건이 까다롭지 않아 어디에서나 잘 크는 식물 (　　　　)
(3) 사람이 정서적으로 교감하며 애정을 가지고 키우는 식물 (　　　　)

2 **이 글을 읽고 알 수 있는 내용이 아닌 것은 무엇인가요?** (　　　　)

① 반려 식물 병원은 주로 지역 자치 단체에서 운영한다.
② 코로나19가 유행하면서 반려 식물을 키우는 인구가 늘었다.
③ 반려 식물 병원은 코로나19가 끝나면서 점점 줄어들고 있다.
④ 반려 식물은 물이나 영양분을 너무 많이 주어도 병이 들 수 있다.
⑤ 반려 식물 병원에서는 식물을 잘 관리할 수 있도록 상담을 해 준다.

개념의 **적용**

3 **각 문단의 중심 내용을 찾아 선으로 이으세요.**

(1) 1문단 •	• ① 앞으로 반려 식물 병원은 더욱 늘어날 것으로 전망됨.
(2) 2문단 •	• ② 반려 식물 병원은 반려 식물이 아프면 치료를 받는 병원임.
(3) 3문단 •	• ③ 반려 식물 병원은 반려 식물을 적절하게 관리할 수 있는 방법을 상담해 줌.
(4) 4문단 •	• ④ 반려 식물 병원은 아픈 식물의 건강 문제를 진단하고 치료해 줌.
(5) 5문단 •	• ⑤ 반려 식물 병원은 반려 식물을 키우는 사람들이 많아지고, 식물 관리의 중요성이 부각되며 등장함.

4 **이 글의 주제로 알맞은 것에 ○표 하세요.**

(1) 반려 식물 병원의 뜻과 하는 일 (　　　　)
(2) 반려 식물 병원이 늘어나는 까닭 (　　　　)
(3) 반려 식물을 건강하게 기르는 방법 (　　　　)

생각과 판단

5 다음은 **2**문단에 내용을 추가하기 위해 진행한 설문 조사의 결과입니다. 이 도표를 활용하기 알맞은 것에 ○표 하세요.

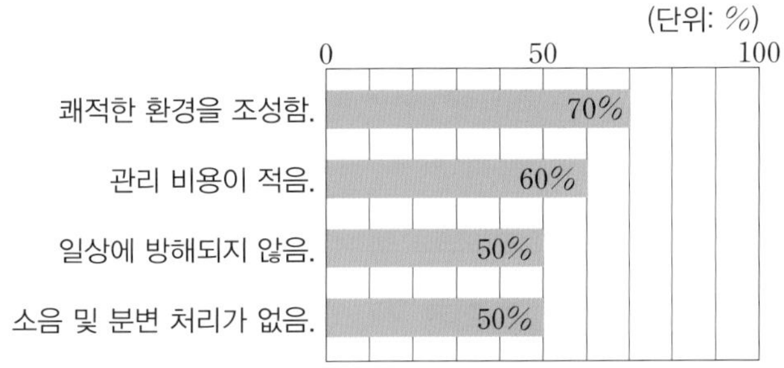

(1) 반려 식물 병원을 이용하면 좋은 점 (　　　　　)

(2) 사람들이 반려 식물을 많이 키우는 이유 (　　　　　)

6 다음 상담의 질문자에게 이 글의 내용을 소개하려고 해요. **1**~**5**문단 가운데 다음 목적과 관계 있는 문단을 쓰세요.

> 질문: 반려 식물과 반려동물을 함께 키우고 있습니다. 어느 날 집에 와 보니 백합꽃은 찢겨 있고, 그것을 먹은 고양이가 구토를 했어요.
>
> 대답: 반려 식물에는 독성 식물이 있고, 안전한 식물이 있어요. 야생 고양이는 둘을 구별할 수도 있지만, 집에서 기른 고양이는 대부분 구별하지 못한답니다. 백합꽃은 독성이 있기 때문에 고양이와 같이 키울 때는 공간을 분리해 주는 것이 좋습니다.

(1) 찢어진 백합꽃을 치료하고자 할 때: (　　　　　)

(2) 집에 있는 반려 식물의 특성을 알고자 할 때: (　　　　　)

달곰한 생각 펼치기

내가 기르고 싶은 반려동물이나 반려 식물을 떠올려 보세요.

7 좋아하는 동물이나 식물이 있나요? 내가 반려 대상으로 삼고 싶은 것과 그 이유를 써 보세요.

• 반려 대상으로 삼고 싶은 것: ____________________

• 이유: ____________________

04 인터뷰의 특징

개념 사전

관심 있는 분야의 종사자나 좋아하는 사람을 인터뷰한 기사를 읽어 본 적이 있나요? 인터뷰에는 특정 분야에서 활동하는 전문가의 생각과 정보가 드러나요. 인터뷰 글은 답변자의 말에 무조건 공감하기보다 그 말이 사실인지, 설득력이 있는지 등을 비판적으로 따져 가며 읽어야 해요.

+ **인터뷰** 특정한 목적을 가지고 대상을 만나 정보를 수집하고 이야기를 나누는 일
+ **인터뷰 글을 읽는 방법**
  - 어떤 상황에서 인터뷰가 이루어지고 있는지 살펴봄.
  - 질문자의 질문이 주제와 어울리는지 살펴봄.
  - 답변자의 답변이 질문 내용에 알맞은지 살펴봄.

 확인 문제를 풀어 보며 개념을 익혀요.

1 다음 중 인터뷰 상황에 해당하는 대화는 무엇인가요? (　　　　)

① 아들: 배고파요. 오늘 저녁 반찬은 무엇이에요?
엄마: 오늘 저녁에는 닭볶음탕을 먹을 거란다.

② 기자: 소아 비만을 예방하는 방법은 무엇인가요?
의사: 하루 세 끼 균형 잡힌 식사를 하고, 설탕이 든 간식은 멀리해야 해요.

2 다음 인터뷰의 주제로 알맞은 것은 무엇인가요? (　　　　)

진행자: 최근 학교 폭력으로 심각한 피해를 본 학생들의 사연들이 알려져 우리 사회에 큰 충격을 주고 있습니다. 오늘은 청소년 범죄 전문가를 모시고 학교 폭력 예방 방안에 관해 들어 보겠습니다.

① 학생들의 건강 문제　② 학교 폭력 예방 방안　③ 심각한 학교 폭력 사례

3 다음 인터뷰 질문에 알맞지 <u>않은</u> 대답을 한 사람은 누구인가요? (　　　　)

기자: 월드컵 최종 예선을 앞두고, 우리나라 축구 대표 팀이 훈련에 매진하고 있습니다. 본선 진출을 위해 개선해야 할 점은 무엇이라고 보시나요?

① 안정만: 공격 방법이 너무 단순한 것이 아쉬워요. 상대편 지역에서 다양한 공격 시도를 해야 수비를 잘하는 상대를 만나도 이길 수 있어요.
② 이영보: 우리 선수들이 다양한 공격 방법을 적절하게 시도하고 있어요. 앞으로 우리 대표 팀을 상대할 다른 나라 선수들이 아주 힘들 것 같아요.
③ 박지선: 앞선 경기에서 몇 차례 불안한 모습을 보였어요. 수비들끼리 서로 소통하면서 협력 수비를 할 수 있도록 좀 더 철저한 준비가 필요합니다.

정답 1 ② 2 ② 3 ②

초등학생의 학업 스트레스

1회독

인터뷰의 목적에 ○

질문의 핵심 내용에 〰

답변의 핵심 내용에 [ ]

진행자: 한 설문 조사에 따르면, 초등학생들이 스트레스를 받는 가장 큰 원인으로 학업 문제를 꼽았습니다. 학업 문제가 학생들의 정신 건강 및 삶의 만족도에 큰 영향을 주고 있는데요. 오늘은 김병우 정신과 전문의를 모시고 학업 스트레스와 그 대처 방법에 관해 이야기를 나눠 보도록 하겠습니다.

전문가: 안녕하세요. 학생들의 정신 건강 관리에 힘쓰고 있는 정신과 전문의 김병우입니다.

진행자: 선생님, 학업 스트레스란 정확히 무엇인가요?

전문가: 공부나 숙제, 성적, 시험 등을 떠올리면 어떤 느낌이 드시죠? 만약 **압박감**• 이나 불안감이 느껴진다면 학업 스트레스가 있는 거예요. 즉, 학업 때문에 생기는 신체적, 정신적 긴장 상태를 학업 스트레스라고 합니다.

진행자: 그렇군요. 그럼 학업 스트레스의 원인은 무엇인가요?

전문가: 원인은 다양합니다만, 우선 시험과 성적에서 오는 압박감을 들 수 있습니다. 낮은 성적이 자신에 대한 실망감과 심리적 **위축**• 으로 이어지는 경우가 많아요. 여기에 부모님의 기대나 주변의 시선과 같은 외부적인 **요인**• 이 스트레스를 더욱 크게 만듭니다. 또한 경쟁이 치열한 사회 분위기 속에서 많은 학생들이 학원으로 내몰리고 있습니다. 지나친 선행 학습과 과도한 분량의 과제도 학생들을 지치게 만듭니다.

진행자: 그렇다면 [㉠]

전문가: 무엇보다 건강한 생활 습관이 중요합니다. 충분한 수면, 균형 잡힌 식사, 규칙적인 운동이 도움이 됩니다. 또 **여가**• 활동을 즐기거나, 명상과 같이 스트레스 상황에서 심리적 안정을 유지할 수 있는 방법을 찾아보는 것도 좋습니다. 성적이 낮아졌다고 해서 '나'의 가치가 낮아지는 것은 아닙니다. 자신에 대한 긍정적인 마음을 잃지 않는 것도 중요합니다.

진행자: 네, 좋은 말씀 감사합니다. 꼭 해야만 하는 공부, 부담은 줄이고 재미는 더할 수 있는 방법도 있을까요?

- **압박감**(壓 누를 압, 迫 닥칠 박, 感 느낄 감) 내리눌리는 느낌.
- **위축**(萎 시들 위, 縮 오그라들 축) 어떤 힘에 눌려 졸아들고 기를 펴지 못함.
- **요인**(要 중요할 요, 因 인할 인) 사물이나 사건이 성립되는 까닭, 또는 조건이 되는 요소.
- **여가**(餘 남을 여, 暇 겨를 가) 일이 없어 남는 시간.

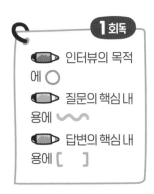

전문가: 일정을 짜서 시간 관리를 하면 학업의 부담을 줄일 수 있습니다. 또한 공부한 내용을 인형에게 설명해 보거나 친구와 퀴즈를 주고받는 등 다양한 방법을 시도해 보세요. 자신에게 잘 맞는 학습법을 찾는다면, 학업의 재미와 높은 **성취도**° 라는 두 마리 토끼를 잡을 수 있을 거예요.

진행자: 네, 좋습니다. 마지막으로 학생들에게 꼭 하고 싶은 말씀이 있으실까요?

전문가: 학업 스트레스를 부정적으로만 생각하지 않았으면 합니다. 적당한 수준의 스트레스는 더 높은 성과를 만들어 내는 동기가 될 수 있어요. 또 어려움이 클수록 목표를 달성했을 때 느끼는 성취감도 클 것이고요. 학업 스트레스는 성장과 발전을 위한 중요한 밑거름이 될 수 있습니다. 여러분을 항상 응원하겠습니다.

진행자: 네. 좋은 말씀 감사드립니다. 지금까지 정신과 전문의 김병우 선생님이었습니다.

° **성취도**(成 이룰 성, 就 나아갈 취, 度 법도 도) 목적한 바를 이룬 정도.

구조 읽기

빈칸에 알맞은 낱말을 써넣으며 내용을 정리해 보세요.

정답 및 해설 10쪽

학업 스트레스의 뜻: ❶ (ㅎ ㅇ) 때문에 생기는 신체적, 정신적 긴장 상태

↓

학업 스트레스의 원인	대처 방법
• 시험과 성적에서 오는 압박감 • 부모님의 기대와 주변의 시선 • ❷ (ㄱ ㅈ)이 치열한 사회 분위기 • 지나친 선행 학습, 과도한 분량의 과제	• 건강한 생활 습관 가지기 • 여가 활동 또는 명상하기 • 자신에 대한 긍정적인 마음 잃지 않기 • 일정을 짜서 시간 관리하기 • 나에게 맞는 학습법 찾기

↓

학업 스트레스의 ❸ (ㄱ ㅈ ㅈ)인 측면: 적당한 수준의 스트레스는 더 높은 성과를 만들어 내는 동기가 될 수 있음.

2 회독 빈칸을 채우지 못했다면 다시 꼼꼼히 읽어요!

꼼꼼한 이해

1 **이 글에 드러난 인터뷰 상황으로 알맞은 것에 ○표 하세요.**

(1) 학업 스트레스에 관한 전문가와의 인터뷰 (   )

(2) 다양한 학습 방법에 관한 전문가와의 인터뷰 (   )

(3) 성적을 올릴 수 있는 방법에 관한 전문가와의 인터뷰 (   )

2 **'학업 스트레스'에 관한 설명으로 옳지 않은 것은 무엇인가요?** (   )

① 지나친 선행 학습은 학업 스트레스의 원인 중 하나이다.

② 학업 스트레스는 학생들의 삶의 만족도에 영향을 끼친다.

③ 건강한 생활 습관은 학업 스트레스를 줄이는 데 도움이 된다.

④ 경쟁이 치열한 사회 분위기가 학업 스트레스를 줄여 줄 수 있다.

⑤ 학업 스트레스는 시험과 성적에서 심리적 압박감을 느끼는 것이다.

개념의 적용

3 **이 글의 흐름으로 보아 ㉠에 들어갈 질문으로 알맞은 것은 무엇인가요?**

(   )

① 학생들의 건강은 어떻게 지킬 수 있을까요?

② 학업 스트레스는 어떻게 줄일 수 있을까요?

③ 학업 스트레스는 성적과 어떤 관계가 있나요?

④ 선생님께서는 학생일 때 어떻게 공부하셨나요?

⑤ 학업 스트레스는 학생들에게 어떤 영향을 끼치나요?

4 **이 글을 읽은 후의 반응으로 알맞지 않은 말을 한 친구의 이름을 쓰세요.**

보람: 자신에 대한 긍정적인 마음을 잃지 않는 것이 필요해.
연후: 내가 좋아하는 여가 활동을 하며 학업 스트레스를 줄여 봐야겠어.
지안: 할 일이 많은 우리에게 다양한 학습 방법을 시도해 보라는 말은 현실적이지 못하다고 생각해.
서은: 많은 양의 과제는 한꺼번에 해결하는 것이 학업 스트레스를 줄이는 데 효과적이라는 말에 동의하기 어려워.

(   )

생각과 판단

5 이 글에서 사용된 설문 조사 결과에 ○표 하세요.

(1)
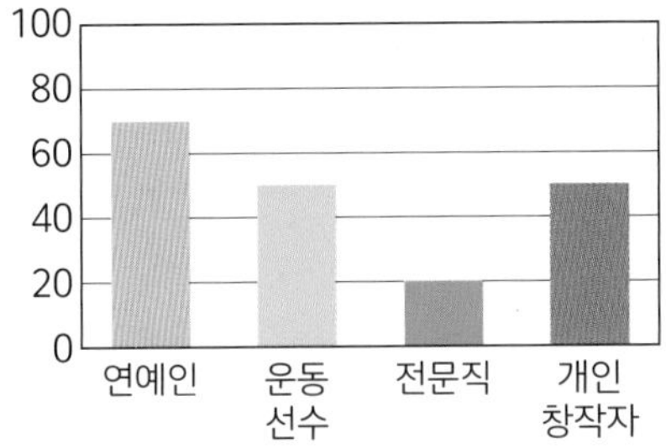

(　　　)

(2)
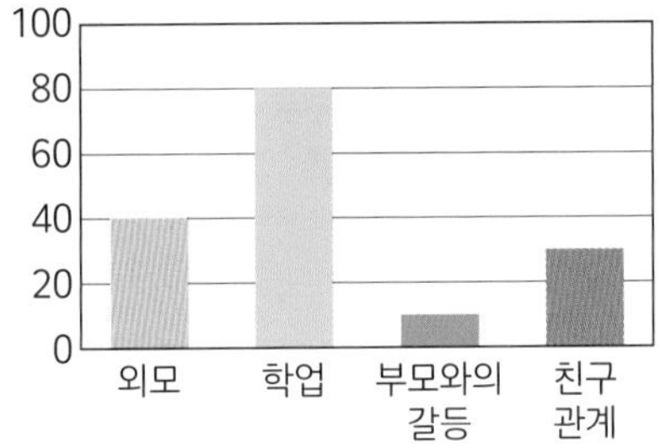

(　　　)

6 이 글의 내용을 바탕으로 학업 스트레스를 받는 친구들에게 위로와 조언을 하려고 합니다. 알맞지 않은 것은 무엇인가요? (　　　)

① 스트레스를 자주 받는 자신을 부정적으로 생각하는 친구에게 스트레스의 좋은 점을 말해 준다.

② 자신의 꿈을 위해 도서관에서 공부만 하는 친구에게 건강한 생활 습관이 중요하다고 말해 준다.

③ 시험 성적이 떨어졌다고 자신의 가치를 낮추는 친구에게 항상 긍정적인 마음을 가지라고 위로해 준다.

④ 과제를 아직 하지 못해서 시간이 촉박하다고 말하는 친구에게 시간 관리를 하면 도움이 될 것이라고 조언해 준다.

⑤ 자신에게 맞는 학습법을 찾겠다며 다양한 방법으로 공부하는 친구에게 학업의 재미만을 추구해서는 안 된다고 말해 준다.

달곰한 생각 펼치기

인터뷰의 답변자는 누구이고, 인터뷰의 목적은 무엇인지 생각해 봐요.

7 내가 이 글의 진행자라면 전문가에게 어떤 질문을 하고 싶은가요? 묻고 싶은 질문을 2개 이상 써 보세요.

05 주장과 근거

주장
로마의 건축은 아름다움과 실용성을 모두 갖추고 있어.
넓고 개방된 공간을 만들어 웅장하면서도 당시 시민들이 자유롭게 이용할 수 있도록 하여 삶의 질을 높여 주었어.
근거

개념 사전

글에서 주장이 나오면 그 근거를 확인해야 해요. 근거가 없거나 근거가 타당하지 않으면 주장하는 내용도 믿을 수 없기 때문이에요. 적절한 근거를 사용하면 주장의 설득력이 높아지므로 근거가 적절한지 따져 보며 글을 읽어야겠죠?

- **주장** 어떤 문제에 관해 글쓴이가 내세우는 생각이나 입장
- **근거** 주장을 뒷받침하는 내용. 역사적 사실, 실험 및 조사 결과, 통계 수치, 전문가의 의견 등을 근거 자료로 삼을 수 있음.

짧은 글로 **개념 확인**

확인 문제를 풀어 보며 개념을 익혀요.

1 **다음 글을 읽고 글쓴이의 주장으로 알맞은 것에 ○표 하세요.**

어린이들 사이에서 화장하는 방법을 알려 주는 유튜브 채널이 인기를 끌고 있다. 그러나 어린 나이에 화장을 시작하는 것은 좋지 않다. 화장을 하면 피부가 쉽게 상할 수 있고, 화장품에 들어 있는 물질이 건강을 해칠 수 있기 때문이다.

(1) 어린이가 화장을 하는 것은 바람직하지 않다. (　　　　)

(2) 유튜브에서 홍보하는 화장품은 성분이 좋지 않다. (　　　　)

2 **다음 주장을 뒷받침할 수 있는 근거에 ○표 하세요.**

어린이와 함께 온 손님을 받지 않는 '노 키즈 존(No Kids Zone)'은 필요하다.

(1) 노 키즈 존은 어린이와 함께 온 손님들을 차별하기 때문이다. (　　　　)

(2) 어린이들이 가게 안에서 소란을 피워 다른 손님들에게 피해를 줄 수 있기 때문이다. (　　　　)

3 **다음 주장에 반대하는 입장을 뒷받침할 수 있는 근거 자료에 ○표 하세요.**

인공 지능[AI] 판사를 재판에 활용해야 한다.

(1) 법관을 대상으로 한 설문 조사에서 '인공 지능 기술을 재판에 활용해야 한다.'라고 답변한 비율이 70%가 넘었다. (　　　　)

(2) 한 판사는 "인공 지능은 과거의 자료를 바탕으로 판단하기 때문에 한계가 있을 수 있다."라고 말했다. (　　　　)

정답 1 (1) ○ 2 (2) ○ 3 (2) ○

촉법소년의 나이를 낮춰야 한다

1회독

글쓴이의 주장에 ○

주장을 뒷받침하는 근거에 〰

근거로 사용한 자료에 [ ]

최근 촉법소년의 나이 문제가 사회적으로 ㉠논의되고 있습니다. 촉법소년이란 법을 어겼지만 **형사 처벌**•을 받지 않는 10세 이상 14세 미만의 청소년을 말합니다. 이들은 자신의 행동을 통제할 능력, 자신의 행동에 대해 책임질 수 있는 능력이 부족한 나이라고 판단되어 형사 처벌 대신 **보호 관찰**•이나 사회봉사 명령 등의 보호 처분을 받습니다. 피해자들이 촉법소년의 보호자를 상대로 손해 배상 청구 등의 책임을 요구할 수는 있습니다. 하지만 이제는 심각해진 촉법소년의 범죄 문제를 해결하기 위해 촉법소년의 나이를 13세 미만으로 낮춰야 할 때입니다.

법은 범죄를 ㉡예방하는 효과를 가져야 합니다. 하지만 촉법소년 범죄의 경우 범죄의 심각성에 비해 처벌이 가벼워 범죄율이 점점 늘고 있습니다. 무인점포에서 20차례 이상 절도를 한 A군이 경찰에 붙잡혔으나 풀려나자마자 다시 범행을 저지르고, 경찰서에서 당당하게 "난 촉법소년인데 처벌할 수 있겠냐."라고 큰소리를 치는 사건이 있었습니다. 이는 촉법소년은 처벌을 받지 않는다는 것을 악용하는 사례입니다. 촉법소년의 나이를 낮춘다면 이 제도를 악용하여 범죄를 저지르는 행위들을 줄일 수 있습니다.

법은 우리 사회를 범죄로부터 보호하여 사회가 안정을 유지할 수 있도록 해야 합니다. 경찰청의 통계 자료에 따르면 2019년에 ㉢접수된 촉법소년의 범죄 건수는 8,600여 건이었지만, 2021년에는 11,600여 건, 2023년에는 19,600여 건, 현재는 20,000건이 넘는 등 점점 늘어나고 있습니다. 접수된 범죄 중에서 강력 범죄가 차지하는 비율도 증가하고 있습니다. 촉법소년의 나이를 낮추어서 이런 범죄율의 증가를 막고 안정된 사회를 만들어야 합니다. 또한 피해자들은 범죄자가 촉법소년이라는 이유만으로 가벼운 ㉣처분만을 받는 현실에 좌절하고 있습니다. 만약 촉법

- **형사 처벌**(刑 형벌 형, 事 일 사, 處 곳 처, 罰 벌줄 벌) 위법한 행위를 한 자에게 법률적으로 형사 책임을 묻는 일. 또는 처벌을 받기 위해 정식으로 사고 조사 및 처리가 이루어지는 일.
- **보호 관찰**(保 보전할 보, 護 보호할 호, 觀 볼 관, 察 살필 찰) 범죄인을 교도소 등에 수용하지 않고 자유로운 사회생활을 하면서 일정한 감독과 지도를 받도록 하는 처분.

소년의 나이를 낮춘다면 이런 피해자와 그 가족들에게 위로가 될 것입니다.

촉법소년의 나이를 낮추자는 사회적 목소리도 커지고 있습니다. 이미 유럽의 여러 국가들이 촉법소년의 나이를 낮추어 범죄 예방과 사회 안전에 긍정적인 효과를 거두었음이 밝혀졌습니다. 많은 OECD 국가들이 촉법소년의 나이를 낮추자는 논의를 활발하게 진행하고 있습니다. 법은 우리 사회를 구성하는 모든 사람들의 의견을 토대로 **정의**를 **집행하는** 도구입니다. 따라서 최근의 사회적 목소리를 주의 깊게 들어야 할 것입니다.

촉법소년의 나이를 낮추는 것에 대해 우려하는 목소리도 있습니다. 하지만 법이 시대와 맞지 않는다면 이를 ㉤수정하고 발전시켜야 합니다. 촉법소년의 나이를 낮추는 것은 우리 사회의 안전을 위한 필수적인 조치입니다. 이것은 단순히 처벌이 아니라 청소년들의 올바른 성장을 위해서 꼭 필요한 일입니다.

- **정의**(正 바를 정, 義 옳을 의) 개인 간의 올바른 도리. 또는 사회를 구성하고 유지하는 공정한 도리.
- **집행**(執 잡을 집, 行 다닐 행)**하다** 계획, 명령, 재판 등의 내용을 실제로 하다.

구조 읽기

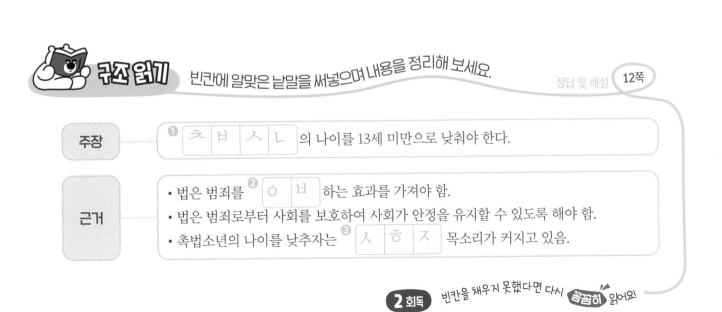

빈칸에 알맞은 낱말을 써넣으며 내용을 정리해 보세요.

정답 및 해설 12쪽

주장	❶ (ㅊ ㅂ ㅅ ㄴ)의 나이를 13세 미만으로 낮춰야 한다.
근거	• 법은 범죄를 ❷ (ㅇ ㅂ)하는 효과를 가져야 함. • 법은 범죄로부터 사회를 보호하여 사회가 안정을 유지할 수 있도록 해야 함. • 촉법소년의 나이를 낮추자는 ❸ (ㅅ ㅎ ㅈ) 목소리가 커지고 있음.

2회독 빈칸을 채우지 못했다면 다시 꼼꼼히 읽어요!

꼼꼼한 이해

1 ㉠~㉤의 뜻이 문장의 의도에 알맞지 않은 것은 무엇인가요? (　　　)

① ㉠: 촉법소년의 나이에 관해 서로 의견을 말하며 의논하고 있다는 뜻이다.
② ㉡: 범죄가 생기지 않도록 미리 막는다는 뜻이다.
③ ㉢: 촉법소년의 범죄가 신고되어 말이나 문서로 받은 것을 뜻한다.
④ ㉣: 촉법소년이 물건이나 재산 등을 처리하여 치운 것을 뜻한다.
⑤ ㉤: 법이 맞지 않다면 바로잡거나 다듬어서 바르게 고쳐야 한다는 뜻이다.

2 이 글의 내용으로 알맞지 않은 것은 무엇인가요? (　　　)

① 촉법소년의 범죄율이 점점 증가하고 있다.
② 촉법소년은 형사 처벌 대신 보호 처분을 받는다.
③ 현재 법적으로 촉법소년은 10세에서 14세 미만의 청소년이다.
④ 촉법소년 범죄 중 강력 범죄가 차지하는 비율은 감소하고 있다.
⑤ 피해자는 촉법소년의 보호자를 상대로 손해 배상을 청구할 수 있다.

개념의 적용

3 글쓴이의 주장에 ○표 하세요.

(1) 촉법소년의 나이를 13세 미만으로 낮추자. (　　　)
(2) 청소년들의 올바른 성장을 위해 노력하자. (　　　)
(3) 촉법소년의 보호 처분을 위한 시설을 늘리자. (　　　)

4 이 글에서 근거와 그 근거를 뒷받침하는 자료로 사용한 것을 알맞게 선으로 이으세요.

(1)	법은 범죄를 예방하는 효과를 가져야 합니다. •	• ① 실제 사례
(2)	법은 우리 사회를 범죄로부터 보호하여 사회가 안정을 유지할 수 있도록 해야 합니다. •	• ② 경찰청 통계 자료

생각과 판단

5 이 글의 주장에 반대하는 입장을 가진 친구의 이름을 모두 쓰세요.

동휘: 잘못된 행동인지 모르고 범죄를 저지르는 촉법소년도 많아. 이런 경우는 처벌보다 교육이 우선시되어야 해.
예진: 촉법소년 범죄가 점점 고도화되어 가고 있어. 현재 가장 무거운 처벌인 소년원 송치로는 이런 범죄를 막지 못할 거야.
하윤: 단순히 범죄 증가 수치만 보고 판단해서는 안 돼. 촉법소년 범죄가 발생하는 원인과 과정을 분석해서 그에 따른 대책을 마련해야 해.

( )

6 다음 글은 '촉법소년의 나이를 낮추는 문제'에 관하여 어떤 입장의 근거 자료로 활용할 수 있을지 알맞은 것에 ○표 하세요.

청소년들의 반성과 변화를 이끌어 내려는 사회적인 노력이 필요해요. 촉법소년들을 바르게 이끌 수 있는 프로그램을 갖추고 지금의 제도 아래에서 청소년들이 올바르게 성장할 수 있도록 돕는 방향으로 나아가야 해요. 너무 어린 나이에 범죄자로 낙인 찍힌다면, '될 대로 돼라.'라는 식의 자포자기형 청소년 범죄자가 늘어날 가능성이 있어요.

(1) 찬성하는 입장 ( ) (2) 반대하는 입장 ( )

달곰한 생각 펼치기

근거는 주장을 뒷받침할 수 있어야 해요.

7 이 글의 주제에 대해 어떻게 생각하나요? 자신의 입장에 ○표 하고, 주장에 알맞은 근거를 써 보세요.

나는 촉법소년의 나이를 13세 미만으로 낮추는 것에 (찬성한다, 반대한다).

왜냐하면 ______________________

____

____

2주차에서 우리는

06 이야기의 감상

07 이어 주는 말

08 글의 짜임 - 시간의 흐름

09 기행문의 특징

10 시에서 말하는 이

문해력 개념	긴 글 읽기 지문	공부한 날
다양한 방법으로 이야기 감상하기	잘못 뽑은 반장	월 일
이어 주는 말이 쓰인 문장의 앞뒤 내용을 보고 글의 흐름을 파악하기	동물과 소통하는 시대가 온다	월 일
시간의 흐름에 따른 대상의 변화 과정에 주목하여 글 읽기	피아노의 역사	월 일
여행하면서 보고 들은 것, 생각하고 느낀 점을 살펴보며 글 읽기	천년의 역사를 간직한 도시, 교토	월 일
시에서 '말하는 이'가 누구인지 살펴보며 시 감상하기	가 참새들이 까분다 나 고슴도치	월 일

06 이야기의 감상

크하악~
크르르릉~
겁쟁이 사자는 자기 자신을 믿지 못했을 뿐 사실 용감하다는 생각이 들어. 친구들을 구하기 위해 두려움에 맞서는 모습에서 그의 진짜 성격이 드러나는 것 같아.
오즈의 마법사

개념 사전

이야기는 글쓴이가 상상하여 꾸며 낸 글이에요. 인물이 겪는 사건이 시간의 흐름에 따라 진행되죠. 현실에서 있을 법한 일을 다루므로 독자는 이야기를 읽으며 진짜 일어난 일처럼 느끼기도 하고 감동을 받는답니다.

이야기를 감상하는 방법

- 인물의 모습과 마음을 상상하며 읽음.
- 이야기에서 재미있거나 감동적인 부분을 찾음.
- 이야기의 세계와 나의 삶을 관련지어 읽음.

짧은 글로

개념 확인

확인 문제를 풀어 보며 개념을 익혀요.

1 이야기를 읽고 인물에 대한 생각이나 느낌을 표현한 친구에 ○표 하세요.

어느 마을 산꼭대기에 용 한 마리가 살고 있었습니다. 용의 거대한 몸집은 구름보다 높이 솟아 있었고, 두 눈은 불길처럼 이글거렸습니다. 그가 한번 날기라도 하면, 그 날갯짓은 산의 나무숲을 일렁이게 할 만큼 강력했습니다.

(1) 형일: 용의 거대한 몸집과 이글거리는 두 눈, 강력한 날갯짓을 상상하니 긴장감이 들어. (　　　　)

(2) 지훈: 다양한 크기와 형태의 나무들로 이루어진 나무숲은 자연에서 매우 중요한 역할을 해. (　　　　)

2 이야기를 읽고 자신의 경험을 떠올린 친구에 ○표 하세요.

한동안 잠잠하던 용이 최근 들어 마을 사람들을 위협하기 시작했습니다. 마을 사람들은 대책을 마련하기 위해 몇 차례 회의를 열었지만, 매번 별 소득 없이 집으로 발걸음을 돌려야 했습니다. 두려움에 떨기만 할 뿐, 누구 하나 선뜻 나서는 사람이 없었기 때문입니다.

(1) 서하: 용이 마을 사람들을 위협하기 시작했네. 이제 이야기가 시작되는 것 같아 흥미진진해. (　　　　)

(2) 진리: 예전에 어떤 형이 나보다 어린 친구를 괴롭히는 모습을 봤는데, 무서워서 그만하라는 말을 하지 못했어. (　　　　)

3 이야기를 읽고 알 수 있는 루카스의 성격으로 알맞은 것에 ○표 하세요.

이 소식을 들은 루카스는 용과 맞서 싸우기로 결심했습니다. 그날부터 루카스는 매일 산을 오르내리며 체력을 길렀고 무기 사용법을 익혔습니다. 마침내 결전의 날이 왔습니다. 루카스는 용이 사는 굴에 도착하여 용을 마주했습니다. 루카스의 눈은 결의로 가득 차 있었습니다.

(1) 용감하다. (　　　　)

(2) 자유분방하다. (　　　　)

(3) 수줍음이 많다. (　　　　)

정답 1 (1) ○　2 (2) ○　3 (1) ○

잘못 뽑은 반장
글 이은재

잘못 뽑은 반장

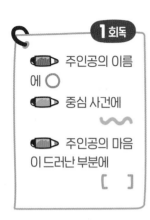

1회독
주인공의 이름에 ○
중심 사건에 〰
주인공의 마음이 드러난 부분에 [ ]

"안녕하세요, 이로운입니다."

우선 교실이 들썩일 정도로 우렁차게 인사했다. 아이들이 와르르 웃었다.

"누가 모르나?"

코앞에 앉은 정규가 중얼거렸다. ㉠저걸 그냥!

"저를 반장으로 뽑아 주시면 여러분의 머슴이 되겠습니다. 머슴처럼 시키는 일은 뭐든지 다 하고, 언제 어디서나 여러분을 돕겠습니다. 머슴이 필요하신 분은 저를 꼭 뽑아 주세요. 부탁드립니다."

<중략>

투표•가 끝나고 곧바로 **개표**•를 했다. 선생님이 표를 확인하고 이름을 부르면 일 학기 반장이었던 제하가 후보 이름 옆에 막대기를 하나씩 그어 나갔다. 나는 떨리는 마음으로 선생님 목소리에 귀를 귀울였다. 다른 아이들도 숨소리를 죽였다. 어차피 반장, 부반장은 민혁이나 정규, 백희처럼 공부도 잘하고, 친구들도 많은 아이들이 뽑힐 게 뻔했다. 난 그저 다섯 표 이상만 나와서 엄마나 다른 아이들 앞에서 당당하게 패배를 자랑하고 싶은 욕심밖에 없었다.

"조백희!"

"김민혁!"

"조백희!"

선생님이 세 번째 표까지 확인했을 때 백희 얼굴에 웃음이 가득 번졌다. 겨우 두 표를 얻은 것뿐인데 벌써부터 김칫국을 마시려는 모양이다. ㉡나는 책상 밑에 손을 모으고 속으로 '제발, 제발' 하고 빌었다. 내 이름이 불리면 춤이라도 출 수 있을 것 같았다. 그때였다.

"이로운!"

내 마음을 읽기라도 한 것처럼 선생님 입에서 정말로 내 이름이 나왔다. 나는 벌떡 일어나 엉덩이를 흔들 뻔했다. 대광이가 나를 돌아보고 히죽 웃었다. ㉢녀석도 약속대로 내 이름을 적은 게 확실했다. 역시 의리 있는 친구다.

그런데 기가 막힐 일이 벌어졌다. 시간이 갈수록 내 이름 옆에 막대기가

- **투표**(投 던질 투, 票 표 표) 선거를 하거나 가부를 결정할 때에 투표용지에 의사를 표시하여 일정한 곳에 내는 일.
- **개표**(開 열 개, 票 표 표) 투표함을 열고 투표의 결과를 검사함.

늘어난 것이다. 그토록 간절히 바라던 다섯 표가 채워졌을 때 나는 옆으로 고개를 돌렸다. 백희의 황당한 표정이란! 흐흐흐, 앞으로 일주일 동안 넌 내 여자 친구다. 백희는 나와 눈이 마주치자 금방이라도 울음을 터뜨릴 듯한 얼굴이 되었다. 그런데 일은 거기서 끝난 게 아니었다. 다섯 번째 표를 훌쩍 넘기더니 어느새 일곱 번째 표가 나왔다. 그때까지 백희와 내가 얻은 표는 똑같았고, 우리 둘의 표가 가장 많았다. ㉣ 세상에, 어떻게 이런 일이! 나는 내 눈을 의심했다. 백희도 몇 번이나 눈을 비비면서 칠판에 그려진 막대기를 세고 또 셌다. 좀 전까지 울상을 짓고 있던 얼굴에는 긴장감이 넘쳐났다. 나머지 후보들이 서너 표씩 나눠 가졌고 대광이는 안타깝게도 겨우 한 표를 받았다. 아무것도 적지 않은 표도 한 장 나왔다. 제하 녀석이 분명했다. 이제 남은 표는 단 한 장뿐이었다.

선생님은 긴장한 얼굴로 마지막 표를 확인했다. 그 순간에, 선생님의 표정이 굳어졌다.

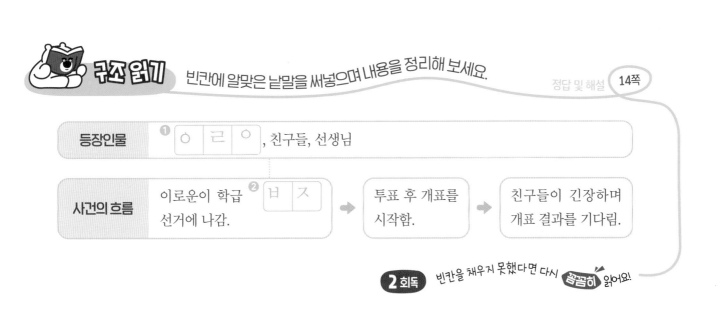

구조 읽기 빈칸에 알맞은 낱말을 써넣으며 내용을 정리해 보세요.

정답 및 해설 14쪽

등장인물	❶ ㅇ ㄹ ㅇ, 친구들, 선생님
사건의 흐름	이로운이 학급 ❷ ㅂ ㅈ 선거에 나감. → 투표 후 개표를 시작함. → 친구들이 긴장하며 개표 결과를 기다림.

2회독 빈칸을 채우지 못했다면 다시 꼼꼼히 읽어요!

꼼꼼한 이해

1 이야기의 중심 사건을 다음과 같이 정리할 때 빈칸에 알맞은 말을 쓰세요.

> 학급 반장 선거에 출마한 이로운은 [ ][ ]와 함께 제일 많은 표를 받았고, 남은 표 [ ] [ ]에 따라 당선이 좌우된다.

2 이야기의 흐름을 정리할 때 (1)과 (2)에 들어갈 내용은 무엇인가요?

( )

반장 선거 개표를 시작함. → (1) → 이로운이 일곱 표를 얻음. → (2)

① (1) 정규가 비아냥거림. (2) 선생님의 표정이 굳음.
② (1) 백희의 얼굴에 웃음이 번짐. (2) 대광이가 이로운을 보고 웃음.
③ (1) 아무것도 쓰지 않은 표가 나옴. (2) 백희의 얼굴에 웃음이 번짐.
④ (1) 백희의 얼굴에 긴장감이 넘침. (2) 선생님이 마지막 표를 발표함.
⑤ (1) 이로운이 책상 아래 손을 모으고 표가 나오길 빎. (2) 선생님의 표정이 굳음.

개념의 적용

3 인물에 대한 설명으로 알맞은 것을 모두 골라 ○표 하세요.

(1) 제하는 일 학기에 반장을 맡았었다. ( )
(2) 대광이는 반장 선거에 출마하여 한 표를 받았다. ( )
(3) 백희는 어제부터 사귀기 시작한 이로운의 여자 친구다. ( )
(4) 선생님은 누가 반장이 될지 그 결과에 크게 관심이 없었다. ( )

4 이야기를 읽고 재미있거나 감동적인 장면을 말한 친구의 이름을 모두 쓰세요.

> 다미: 로운이가 다섯 표를 받으면 백희가 일주일 동안 여자 친구를 하기로 내기했었나 봐. 난 백희가 당황하는 장면이 재미있었어.
> 준서: 로운이가 일곱 표를 받고 자기 눈을 의심하는 장면이 기억에 남아. 로운이는 몰랐겠지만 그를 지지하는 친구들이 많았던 것 같아.
> 지유: 로운이에게 일어난 일들은 사실이 아닐 거야. 공부도 썩 잘하지 않고, 친구들도 많지 않은 로운이가 반장 선거에 나간다는 건 말이 안 돼.

( )

정답 및 해설 15쪽

생각과 판단

5 ㉠~㉣에 드러난 주인공의 마음 중 **보기**의 선수들의 마음과 가장 비슷한 것을 찾아 기호를 쓰세요.

보기

최근 국가대표 야구 감독은 대표 팀 선수 명단 발표를 앞두고 있습니다. KBO에서 3할 5푼이 넘는 공격력을 보여 주고 있는 김신회, 빛나는 수비 실력을 선보이고 있는 강정태, 어깨 부상을 딛고 일어서 에이스 투수로서의 복귀 신호탄을 쏘아 올린 이경수 등 많은 선수가 국가대표로 선발되기만을 바라고 있습니다.

(　　　　　　　　)

6 다음은 이야기의 마지막 부분에 이어지는 장면입니다. 이 글을 읽고 알맞은 반응을 보인 친구에 ○표 하세요.

누구 이름이 적혀 있을까! 아이들은 숨을 죽이고 기다렸다.

"음…… 이건 좀…… 이로운."

와! 나는 그만 입이 떡 벌어지고 말았다. 정말 꿈에도 생각하지 못한 일이 벌어졌다. 내가 반장, 백희가 부반장이었다. 허벅지를 찌르고, 볼을 비틀어 봐도 꿈이 아니었다.

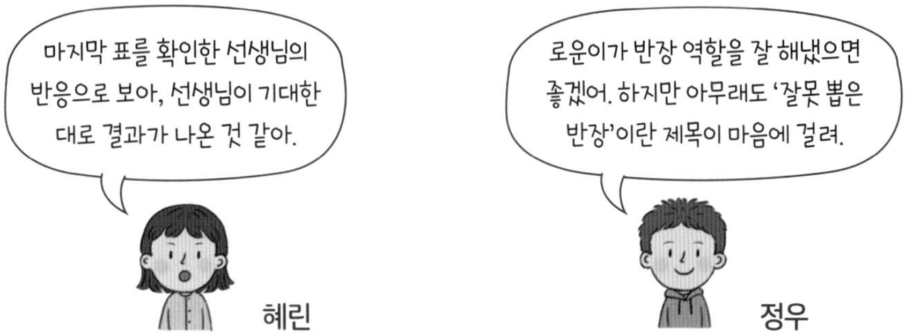

마지막 표를 확인한 선생님의 반응으로 보아, 선생님이 기대한 대로 결과가 나온 것 같아.
혜린
로운이가 반장 역할을 잘 해냈으면 좋겠어. 하지만 아무래도 '잘못 뽑은 반장'이란 제목이 마음에 걸려.
정우

(　　　)　　　　(　　　)

긴장했던 이유가 무엇인지 생각하며 써 보세요.

달곰한 생각 펼치기

7 이로운처럼 내 삶에서 긴장했던 일을 떠올려 당시의 상황과 기분을 써 보세요.

07 이어 주는 말

개념 사전

이어 주는 말은 문장과 문장의 내용을 연결해 주는 말이에요. 문장 사이에 놓여 두 개의 문장을 자연스럽게 이어 주는 역할을 하지요.

+ 이어 주는 말의 종류

- 서로 비슷한 내용을 이어 주는 말: 그리고, 또한, 또는 등
- 서로 반대되는 내용을 이어 주는 말: 그러나, 하지만, 그런데 등
- 원인과 결과를 나타내는 내용을 이어 주는 말: 그래서, 따라서, 그러므로 등

확인 문제를 풀어 보며 개념을 익혀요.

1~6 **빈칸에 들어갈 이어 주는 말로 알맞은 것을 보기에서 찾아 쓰세요.**

보기		
그리고	그러나	그래서

1 가을이 되었다. (   ) 날씨는 여전히 더웠다.
앞 내용과 뒤 내용이 서로 반대될 때

2 서현이는 숙제를 끝냈다. (   ) 방 청소를 시작했다.
앞 내용과 뒤 내용이 비슷하게 연결될 때

3 나는 어제 많이 아팠다. (   ) 학교에 결석할 수밖에 없었다.
앞 내용이 뒤 내용의 원인이 될 때

4 민재는 덩치가 매우 크다. (   ) 짝인 석진이는 매우 왜소하다.
앞 내용과 뒤 내용이 서로 반대될 때

5 아영이는 그림을 잘 그린다. (   ) 노래도 잘 부른다.
앞 내용과 뒤 내용이 비슷하게 연결될 때

6 해율이는 책을 많이 읽는다. (   ) 어휘력이 풍부하다.
앞 내용이 뒤 내용의 원인이 될 때

정답 1 그러나 2 그리고 3 그래서 4 그러나 5 그리고 6 그래서

동물과 소통하는 시대가 온다

1회독

서로 비슷한 내용을 이어 주는 말에 ○
서로 반대되는 내용을 이어 주는 말에 〰
원인과 결과를 나타내는 내용을 이어 주는 말에 [ ]

1 여러분, 「닥터 두리틀」이라는 영화를 본 적이 있나요? 주인공인 두리틀이 동물들과 힘을 모아 **불치병**°에 걸린 영국 여왕을 치료하고 망해 가는 왕국을 구하는 과정을 그린 영화예요. 두리틀은 특별한 능력 하나를 지니고 있어요. 바로 동물들과 의사소통할 수 있는 능력입니다. 그는 앵무새, 북극곰, 고릴라 등 동물이 사용하는 언어를 배워 그들과 대화를 나눠요. 영화니까 가능한 일이라고요? 과학자들은 머지않아 인간이 동물과 의사소통하는 시대가 열릴 것이라고 이야기하고 있어요.

2 인간과 동물이 의사소통하기 위해서는 우선 동물의 소리에 담긴 뜻을 알아야 해요. 동물의 소리를 해석하는 데는 **인공 지능**°이 중요한 역할을 합니다. 예를 들어 고양이가 내는 '야옹' 소리에는 2억 8천만 가지 이상의 형태가 있다고 해요. 이렇게 다양한 형태의 소리를 인간이 명확하게 구별해 내기란 매우 어려워요. 그래서 많은 **데이터**°를 학습하여 다양한 **패턴**°을 이해할 수 있는 인공 지능 기술이 필요한 것입니다.

3 동물 언어 해석의 과정은 다음과 같아요. 먼저 녹음 장치와 촬영 장비를 사용하여 동물의 소리, 몸짓, 상황 등의 데이터를 수집해요. 그리고 인공 지능으로 방대한 양의 데이터에서 일정한 규칙이나 패턴을 찾아냅니다. 이러한 규칙이나 패턴을 학습한 인공 지능에 동물의 소리를 입력하면 동물의 감정 상태나 흥분 정도를 인간의 언어로 표현할 수 있어요.

4 덴마크 코펜하겐대의 연구진은 돼지 411마리가 전 생애 동안 내는 모든 소리를 녹음하여 이를 인공 지능으로 분석했어요. 연구 결과에 따르면 어린 돼지가 어미 젖을 빨 때와 같이 긍정적인 감정을 느낄 때는 낮은 소리로 '꿀꿀' 울었다고 해요. 반면 **낙인**°을 찍는 등의 공포 상황에서는 '꽥' 하고 높은 소리를 냈다고 합니다. 이처럼 인간은 인공 지능을 활용하여 동물 언어의 의미를 더욱 정확히 이해할 수 있게 되었어요.

5 하지만 [㉮] 의사소통을 위한 다음 단계는 사람의 말을 동물의 소리로 바꾸는 것입니다. 예를 들어 각 동물들의 말로 "돌고래야, 우린 널 해치지 않을 거야."라고 하거나 "고양이야, 무슨 간식을 먹고 싶니?"와 같이 말하는 것이죠. 사람도 동물에게

- **불치병**(不 아닐 불, 治 다스릴 치, 病 병들 병) 고치지 못하는 병.
- **인공 지능**(人 사람 인, 工 장인 공, 知 알 지, 能 능할 능) 인간의 지능이 가지는 학습, 추리, 적응, 논증 따위의 기능을 갖춘 컴퓨터 시스템.
- **데이터**(data) 관찰이나 실험, 조사로 얻은 사실이나 정보.
- **패턴**(pattern) 일정한 형태나 양식, 유형.
- **낙인**(烙 지질 낙, 印 도장 인) 쇠붙이로 만들어 불에 달구어 찍는 도장. 각 가축의 건강 상태, 출생 정보 등을 기록하여 개별적으로 식별함.

의사를 전달할 수 있어야 진정한 의미의 소통이 완성돼요. 그래서 연구자들은 동물 언어를 생성하는 인공 지능을 개발하는 데 힘쓰고 있어요. 인공 지능 프로그램에 동물의 소리를 학습시킨 후 사람의 말을 동물의 말로 전환하는 방법을 연구하고 있습니다. 한 대학 교수는 앞으로 20년 안에 인간과 동물의 **양방향**° 의사소통이 가능해질 것으로 내다보고 있답니다.

6 인공 지능의 발달은 **미지**°의 세계였던 동물 언어의 비밀을 푸는 열쇠가 되고 있어요. 동물 언어 번역기가 개발된다면 인간은 동물과 원활하게 소통할 수 있을 거예요. ㉯동물의 마음을 이해하고 그들에게 필요한 먹이나 환경을 제공할 수 있게 되죠. [㉠] ㉰특정 동물의 경우에는 인간과 생각을 주고받을 수 있을지도 몰라요. [㉡] 이 연구에 대한 부정적인 시선도 있답니다. 인간이 동물 언어 번역기를 사용하여 ㉱동물을 **착취하거나**° 동물에게 피해를 줄 수도 있다는 우려 때문이에요. [㉢] 동물과의 소통을 위해 동물 언어 번역기를 개발해 나가되, 동물의 복지와 보호를 위한 책임 있는 접근이 필요해요.

- **양방향**(兩 두 양, 方 모 방, 向 향할 향) 양쪽으로 향하는 것.
- **미지**(未 아닐 미, 知 알 지) 아직 알지 못함.
- **착취**(搾 짤 착, 取 취할 취)**하다** 자원이나 재산, 노동력 등을 정당한 대가를 주지 않고 이용하다.

구조 읽기 빈칸에 알맞은 낱말을 써넣으며 내용을 정리해 보세요.

정답 및 해설 16쪽

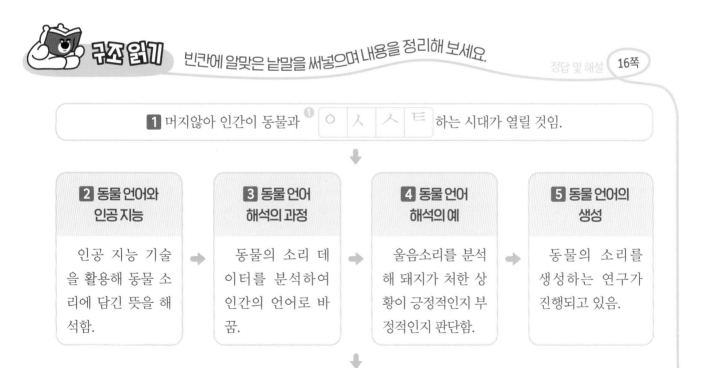

1 머지않아 인간이 동물과 ❶[ㅇ][ㅅ][ㅅ][ㅌ]하는 시대가 열릴 것임.

↓

2 동물 언어와 인공 지능	→	**3** 동물 언어 해석의 과정	→	**4** 동물 언어 해석의 예	→	**5** 동물 언어의 생성
인공 지능 기술을 활용해 동물 소리에 담긴 뜻을 해석함.		동물의 소리 데이터를 분석하여 인간의 언어로 바꿈.		울음소리를 분석해 돼지가 처한 상황이 긍정적인지 부정적인지 판단함.		동물의 소리를 생성하는 연구가 진행되고 있음.

↓

6 동물 언어 번역기 개발에 인간의 ❷[ㅊ][ㅇ] 있는 접근이 필요함.

2회독 빈칸을 채우지 못했다면 다시 꼼꼼히 읽어요!

꼼꼼한 이해

1 이 글에서 인간과 동물의 의사소통이 가능하게 된 기술적 배경이 무엇인지 찾아 네 글자로 쓰세요.

( ) 기술의 발달

2 이 글의 내용으로 알맞지 <u>않은</u> 것은 무엇인가요? ( )

① 동물의 소리를 통해 감정이나 흥분한 정도를 알 수 있다.
② 동물 언어 번역기의 개발에 대한 부정적인 시선이 존재한다.
③ 동물의 소리를 번역하는 데 인공 지능이 중요한 역할을 한다.
④ 현재 인간과 동물의 양방향 의사소통이 활발하게 이루어지고 있다.
⑤ 영화 「닥터 두리틀」에는 인간이 동물들과 의사소통하는 모습이 나온다.

개념의 적용

3 ㉠~㉢에 들어갈 이어 주는 말로 알맞은 것을 찾아 선으로 이으세요.

(1) ㉠ •	• ① 그러나
(2) ㉡ •	• ② 그리고
(3) ㉢ •	• ③ 따라서

4 ㉮의 앞에 쓰인 이어 주는 말과 뒤에 이어지는 문장의 내용으로 보아 ㉮에 들어갈 알맞은 문장은 무엇인가요? ( )

① 동물 언어를 해석하는 것은 매우 복잡하고 힘든 일이에요.
② 돼지의 소리에 이어 동물 언어 해석의 또 다른 예를 살펴보도록 해요.
③ 동물의 소리 데이터만으로 동물 언어를 해석할 수 있는 것은 아니에요.
④ 인공 지능 기술은 동물의 언어를 해석하는 데 매우 중요한 역할을 해요.
⑤ 동물 언어를 안다는 것이 인간과 동물 간 의사소통으로 곧장 연결되지는 않아요.

생각과 판단

5 **보기**는 이 글의 1~6문단 중 어느 문단을 대신하여 쓸 수 있을지 문단의 번호를 쓰세요.

보기

호주 퀸즐랜드대의 수의학과 연구 팀은 인공 지능을 통해 닭의 울음소리를 분석한 연구 결과를 발표했어요. 닭은 닭장 앞에 먹이가 있어 흥분한 상태일 때는 높은 소리를 짧은 간격으로 냈지만, 먹이가 없어 기분이 가라앉은 상태일 때에는 낮은 소리를 길게 냈다고 합니다.

(　　　　　　　　)

6 다음은 인공 지능을 통해 인간과 동물이 대화를 나누는 장면입니다. 이 글의 ㈏~㈑ 중 다음 글과 가장 거리가 먼 것의 기호를 쓰세요.

인간 1: (인공 지능으로 돌고래 어미의 목소리를 생성하며) 아가야, 이리 오렴. 배고프지? 뭐 먹고 싶니?
돌고래: 생선이 먹고 싶어요.
인간 1: 그래, 이쪽으로 더 다가오렴.
돌고래: 엄마, 여긴 마치 그물 안 같아요. 인간들이 우릴 잡을 때 쓰는 그물 말이에요. 몸을 움직일 수가 없어요.
(인간은 돌고래 포획에 성공한다.)
인간 1: 김 군! 이 녀석, 수족관에 보낼 수 있게 준비하게.
인간 2: (씩씩한 목소리로) 네, 선장님! 준비하겠습니다.

(　　　　　　　　)

달곰한 생각 펼치기

동물에게 하고 싶었던 말을 떠올려 보세요.

7 인간과 동물이 양방향으로 의사소통하는 시대가 오면, 어느 동물과 어떤 소통을 하고 싶은지 상상하여 쓰세요.

08 글의 짜임 - 시간의 흐름

교통수단의 발달

개념 사전

글의 짜임은 글 전체를 이루는 뼈대나 구조를 뜻해요. 글을 잘 이해하기 위해서는 글의 짜임을 파악해야 해요.

- **시간의 흐름 짜임** 시간의 흐름에 따라 대상의 변화 과정이 나타나는 글의 짜임
- **시간의 흐름이 나타나는 글을 읽는 방법**
  - 시간을 나타내는 말을 찾으며 읽음. 예 옛날, 오늘 낮, 내년 등
  - 대상이 변화하게 된 배경과 변화한 내용을 살펴봄.

짧은 글로
개념 확인

확인 문제를 풀어 보며 개념을 익혀요.

1 **다음 글에서 시간을 나타내는 말을 두 개 찾아 ○표 하세요.**

옛날에는 하늘을 살펴보거나 동물의 움직임을 보고 날씨를 짐작했어요. 흰 구름이 높이 떠 있으면 날씨가 맑을 것이라고 생각했고, 제비가 낮게 날면 비가 올 것이라고 예상했어요. 오늘날에는 전문적인 장치를 이용해 온도와 습도, 기압과 강수량 등을 측정하여 날씨를 예측해요.

2 **다음 글에서 시간을 나타내는 말을 세 개 찾아 ○표 하세요.**

구석기 시대에는 사람들이 추위와 비바람을 피해 동굴이나 바위 그늘에서 살았습니다. 신석기 시대에는 농사를 짓고 가축을 기르며 식량을 생산하였고, 강가나 바닷가에 움집을 지어 살았습니다. 청동기 시대에는 벼농사를 짓기 시작하였고, 농사를 하고 남은 식량을 사유 재산으로 갖기도 하였습니다.

3 **다음 글을 읽고, 시대에 따라 어떤 화폐를 사용했는지 순서대로 쓰세요.**

고려 시대에는 상류층이나 무역을 많이 하는 상인들이 '건원중보'라는 금속 화폐를 사용하였다. 조선 후기에는 상업이 발달하며 '상평통보'가 널리 쓰였으며, 대한 제국 시기에 이르러서는 오늘날 동전과 비슷한 형태인 '대동은전'이 만들어졌다. 그 후 1950년에 최초의 한국은행권이 발행되었다.

고려 시대 (　　　　　　　) ➡ 조선 후기 (　　　　　　　)
➡ 대한 제국 시기 (　　　　　　　) ➡ 1950년대 한국은행권

정답 1 옛날, 오늘날 2 구석기 시대, 신석기 시대, 청동기 시대 3 건원중보, 상평통보, 대동은전

피아노의 역사

1회독

설명하는 대상에 ○
시간을 나타내는 말에 ∼∼
설명하는 대상의 특징에 [ ]

여러분은 피아노 소리를 들으면 어떤 기분이 드나요? 서양에서 처음 피아노가 등장했을 때, 사람들은 피아노 소리가 마치 천사의 노래처럼 아름답다고 했어요. 피아노는 어떻게 만들어졌으며, 어떻게 발전해 왔는지 알아볼까요?

피아노는 ㉠1700년경에 이탈리아의 하프시코드 제작자인 바르톨로메오 크리스토포리가 발명한 것으로 알려져 있어요. 크리스토포리는 하프시코드의 소리를 **개선하기**• 위해 노력하다가 그와 비슷하게 생긴 피아노를 만들게 되었어요. 하프시코드는 건반과 연결된 깃털이 **현**•을 뜯으면서 소리를 내는 악기예요. 소리의 크기가 작고 일정한 것이 단점이었는데, 깃털 대신 망치가 현을 두드리면서 소리를 내도록 바꾼 것이 피아노예요. 피아노는 건반을 통해 망치로 현을 치는 순간 현이 **진동하는데**•, 건반을 치는 정도에 따라 작은 소리인 '**피아노**•'부터 큰 소리인 '**포르테**•'까지 다양한 소리를 만들어 냈어요. 그래서 이 악기는 피아노와 포르테를 모두 낸다는 의미로 '그라비쳄발로 콜 피아노 에 포르테'라고 불리다가 나중에 '피아노'가 되었지요.

▲ 하프시코드

㉡18세기 후반에는 피아노가 기술적으로 발전하며 음악의 중심 악기가 되었어요. 밟으면 소리를 길게 지속시킬 수 있는 페달이 등장하면서 연주자는 음을 다채롭게 표현할 수 있게 되었지요. 또 현을 지탱하는 나무틀이 강철로 바뀌면서 피아노는 더 큰 음량을 낼 수 있었고, 음질도 향상되었어요. 이렇게 피아노의 기능이 개선되어 연주회장처럼 큰 공간에서도 아름답고 풍부한 소리로 연주할 수 있었죠. 게다가 제작 기술이 발전하며 가격이 낮아져

▲ 18세기에 만들어진 그랜드 피아노

- **개선**(改 고칠 개, 善 착할 선)**하다** 부족한 점, 잘못된 점, 나쁜 점 등을 고쳐서 더 좋아지게 하다.
- **현**(絃 악기 줄 현) 소리를 내는 가늘고 긴 물건.
- **진동**(振 떨칠 진, 動 움직일 동)**하다** 흔들려 움직이다.
- **피아노**(p) 여리게 연주하라는 말.
- **포르테**(f) 세게 연주하라는 말.

귀족 중심의 가정과 음악당에 널리 보급되었어요. ㉢이와 더불어 당시의 유명한 작곡가들이 피아노의 특징을 살린 다양한 작품을 작곡하면서 피아노는 이 시기 음악에서 빼놓을 수 없는 위치를 차지했죠.

▲ 전자 피아노

㉣20세기에 들어서면서 여러 형태의 피아노가 등장하였어요. 전자 부품과 디지털 기술이 합쳐진 전자 피아노는 건반을 누르면 피아노 내부에 저장된 여러 가지 악기 소리가 나요. 전자 피아노는 다양한 **음향**• 효과를 낼 수 있어서 음악계에서 폭넓게 사용되었죠. 또한 기존 피아노도 여전히 더 좋은 소리를 내기 위한 연구가 계속되고 있어요. 오늘날 피아노는 클래식 음악뿐만 아니라 재즈, 팝, 전자 음악 등 여러 음악 분야에서 다양하게 연주되고 있어요.

이처럼 피아노는 오랜 기간에 걸쳐 기술적으로 발전해 왔어요. 점점 더 아름다운 소리를 내며 다양한 음악을 연주하는 데 사용되고 있지요. ㉤앞으로도 새로운 기술과 더불어 발전할 피아노를 기대해요.

• **음향**(音 소리 음, 響 소리 울릴 향) 물체에서 나는 소리와 그 울림.

구조 읽기

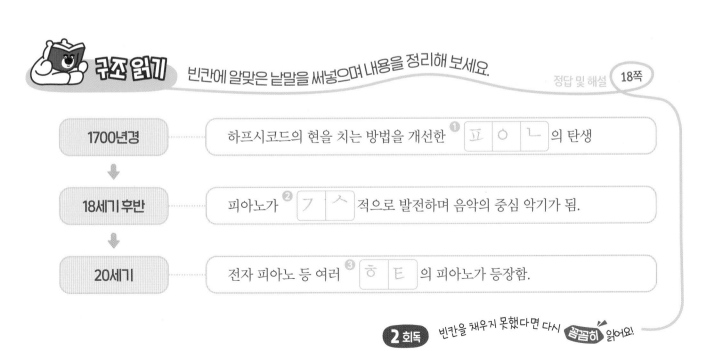

빈칸에 알맞은 낱말을 써넣으며 내용을 정리해 보세요.

정답 및 해설 18쪽

1700년경	하프시코드의 현을 치는 방법을 개선한 ❶ [ㅍ][ㅇ][ㄴ]의 탄생
↓	
18세기 후반	피아노가 ❷ [ㄱ][ㅅ]적으로 발전하며 음악의 중심 악기가 됨.
↓	
20세기	전자 피아노 등 여러 ❸ [ㅎ][ㅌ]의 피아노가 등장함.

2 회독 빈칸을 채우지 못했다면 다시 꼼꼼히 읽어요!

꼼꼼한 이해

1 **이 글의 짜임을 바르게 설명한 것에 ○표 하세요.**

(1) 피아노의 탄생과 변화 과정을 시간의 흐름에 따라 설명하고 있다. (　　　)

(2) 피아노의 모양과 종류, 쓰임을 통해 피아노의 특징을 설명하고 있다. (　　　)

(3) 피아노와 하프시코드를 비교하며, 피아노를 연주하는 방법을 설명하고 있다. (　　　)

2 **이 글의 내용으로 알맞지 <u>않은</u> 것은 무엇인가요?** (　　　)

① 피아노와 하프시코드는 둘 다 건반을 눌러서 연주한다.
② 피아노의 이름은 큰 소리를 지속해서 낸다는 의미이다.
③ 전자 피아노가 나온 후에도 기존 피아노는 여전히 사용되고 있다.
④ 현을 지탱하는 나무틀이 강철로 바뀌면서 피아노의 소리가 커졌다.
⑤ 피아노의 페달은 소리를 지속시켜서 음을 다채롭게 표현할 수 있게 한다.

개념의 적용

3 **㉠~㉤ 중 시간을 나타내는 말이 <u>아닌</u> 것은 무엇인가요?** (　　　)

① ㉠　② ㉡　③ ㉢　④ ㉣　⑤ ㉤

4 **피아노의 역사에 따라 사람들이 피아노의 소리에 보인 반응을 선으로 이으세요.**

(1) 피아노의 탄생 •	• ① 작은 소리부터 큰 소리까지 표현할 수 있다니 대단해요.
(2) 페달의 등장과 틀의 발전 •	• ② 피아노에서 여러 가지 악기 소리가 나니 다양한 효과를 낼 수 있네요.
(3) 전자 피아노의 등장 •	• ③ 음이 지속되고 음량도 커지니 넓은 공간에서도 아름다운 피아노 소리를 들을 수 있겠어요.

생각과 판단

5 다음은 피아노가 처음 나왔을 때의 이름입니다. 피아노가 나온 이후 악보의 변화를 알맞게 짐작한 것에 ○표 하세요.

> 그라비쳄발로 콜 피아노 에 포르테
> (그라비쳄발로 = 하프시코드, 피아노 → 작게, 포르테 → 크게)
>
> 작고 연약한 소리와 크고 강한 소리를 내는 하프시코드라는 뜻.

(1) 페달을 밟는 곳을 악보 안 음표에 표시하여 풍부한 소리를 낼 수 있도록 하였다. (　　　　)

(2) '피아노', '포르테'와 같은 셈여림표를 악보에 표시하여 소리를 작게 또는 크게 칠 수 있도록 하였다. (　　　　)

6 **보기**를 읽고, 이 글과 관련하여 알 수 있는 내용을 알맞게 말한 친구에 ○표 하세요.

> **보기**
>
> 18세기 후반부터 19세기 초반에 걸쳐 피아노는 유럽에서 빠르게 보급되었어요. 고전파 시대에 베토벤과 모차르트는 「피아노 소나타」와 「피아노 협주곡」 등을 작곡하였어요. 낭만파 시대에는 쇼팽과 리스트가 피아노 독주곡들을 활발하게 작곡하였죠.

(1) 미현: 지금은 전자 피아노의 시대이므로 18세기 후반과 19세기 초반에 유행했던 클래식 음악을 연주하는 사람은 사라졌어. (　　　　)

(2) 현우: 고전파와 낭만파 시대에 피아노곡이 활발하게 작곡된 것을 보니 당시 피아노의 위상이 높았다는 사실을 알 수 있어. (　　　　)

달콤한 생각 펼치기

아이들의 놀이 문화가 어떻게 변화했는지 생각해 보아요.

7 **보기**의 낱말 중 두 개 이상을 사용하여 '아이들의 놀이 문화'를 설명하는 글을 쓰세요.

> **보기**
>
> 과거, 현재, 옛날, 오늘날

09 기행문의 특징

개념 사전

기행문은 여행하면서 겪은 경험을 바탕으로 쓴 글이에요. 기행문을 읽을 때는 언제 어디를 어떻게 여행하였는지, 여행하면서 보고 들은 것들이나 생각하고 느낀 감상이 어떠한지 살펴봐요.

+ **기행문** 여행하면서 보고, 듣고, 느끼고, 겪은 것들을 쓴 글. 시간의 흐름이나 여행을 간 곳의 차례에 따라 씀.

+ **기행문의 특징**
  - 글쓴이가 여행지에서 보고 들은 일이 생생하게 드러남.
  - 여행하면서 글쓴이가 생각하거나 느낀 점이 담겨 있음.

짧은 글로 개념 확인

확인 문제를 풀어 보며 개념을 익혀요.

1 여행하면서 본 일이 나타나 있는 것에 ○표 하세요.

(1) 성산 일출봉은 유네스코 세계 자연유산으로 등재되었다. (   )

(2) 성산 일출봉을 오르는 동안 멋진 바다와 다양한 모양의 바위들을 볼 수 있었다. (   )

2 여행하면서 들은 일이 나타나 있는 것에 ○표 하세요.

(1) 한라산 정상에는 백록담이라는 호수가 있다. (   )

(2) 백록담까지 가는 길은 힘들었지만, 정상에 올라 탁 트인 풍경을 보니 기분이 상쾌했다. (   )

(3) 이모가 백록담은 '흰 사슴이 물을 먹는 곳'이어서 붙여진 이름이라고 알려 주셨다. (   )

3 여행하면서 든 생각이나 느낌이 나타나 있는 것에 ○표 하세요.

(1) 제주도 서귀포시에서는 매년 유채꽃 축제가 열린다. (   )

(2) 구불구불한 돌담길을 따라 산책길로 들어선 순간, 계곡을 따라 활짝 핀 유채꽃밭이 보였다. (   )

(3) 파란 바다와 검은 돌담, 노란 유채꽃이 어우러진 풍경을 마주하니 동화 속에 들어와 있는 듯한 기분이 들었다. (   )

정답 1 (2) ○ 2 (3) ○ 3 (3) ○

천년의 역사를 간직한 도시, 교토

1회독

글쓴이가 들른 장소에 ○

글쓴이가 보거나 들은 것에 〰

글쓴이의 생각이나 느낌에 [ ]

올해 봄, 나는 가족과 함께 아버지께서 일하고 계시는 일본의 교토로 여행을 떠났다. 엄마께서 교토는 일본의 옛 **수도**•로, 유서 깊은 역사와 전통을 간직한 도시라고 알려 주셨다. 가깝고도 먼 나라 일본으로의 여행은 처음인데다가 오랜만에 아버지를 만나 뵐 수 있게 되어서 많은 기대가 되었다.

공항으로 마중을 나오신 아버지께서는 먼저 우리를 청수사로 안내해 주셨다. 유네스코 세계 문화유산으로 지정된 청수사는 '맑은 물의 **사찰**•'이라는 뜻으로, 일본에서 가장 아름다운 사찰이라고 한다. 숲이 우거진 언덕에 있는 청수사에 발을 들이는 순간, ㉠고즈넉한 분위기에 취해 마치 과거로 시간 여행을 하는 듯한 착각이 들었다. 절 안에는 폭포에서 흘러 내려오는 맑은 물이 3갈래로 갈라져 나오는 곳이 있는데, 각 갈래의 물을 마시면 '건강, 사랑, 학문' 중 하나가 좋아진다고 한다. 내 차례가 왔을 때 나는 고민하다가 '학문'을 상징하는 물을 마셨다. ㉡그런 나를 보고 웃으시는 아버지를 보니 좀 멋쩍었다.

▲ 청수사

다음으로 우리는 니넨자카와 산넨자카를 방문했다. 각각 '2년 고개'와 '3년 고개'라는 뜻을 가진 이 거리에는 나무로 된 전통 양식의 상점들이 늘어서 있었다. 아기자기한 공예품 상점이나 작은 정원, 아늑한 **다실**• 등 볼거리가 아주 많았다. 이 지역은 옛 거리의 모습을 간직하기 위해 전통 가옥 **보존 지구**•로 지정되었다고 한다. ㉢과거로부터 이어져 온 문화적 가치를 지키려고 노력하는 모습이 인상 깊었다. 아버지께서 이 거리를 걷다가 넘어지면 2년이나 3년 동안 운수가 좋지 않다는 전설도 들려주셨다. 재미있는 이야기에 웃음이 나왔지만, 그 말씀을 들은 후로는 왠지 조심스럽게 걷게 되었다.

▲ 니넨자카

- **수도**(首 머리 수, 都 도읍 도) 한 나라의 중앙 정부가 있는 도시.
- **사찰**(寺 절 사, 刹 절 찰) 승려가 불상을 모시고 불도를 닦으며 교법을 펴는 집.
- **다실**(茶 차 다, 室 집 실) 사람들이 이야기를 나누거나 쉴 수 있도록 꾸며 놓고, 차나 음료 따위를 판매하는 곳.
- **보존 지구**(保 보전할 보, 存 있을 존, 地 땅 지, 區 구역 구) 문화재, 중요 시설물 및 문화적 · 생태적으로 보존 가치가 큰 지역의 보호와 보존을 위하여 필요한 지역.

우리의 마지막 여행지는 금각사였다. 금각사의 원래 이름은 녹원사지만, 금각으로 불리는 **사리전**• 건물이 유명해 금각사로 더 잘 알려져 있다고 한다. ㉣금각이 유명한 이유는 건물 전체의 겉면에 금박을 씌웠기 때문이다. 건물을 덮는 데 약 20kg가량의 금이 사용되었다고 한다. 절의 입구를 돌아 들어가다 연못 한편에 우뚝 선 금각을 보게 된 순간, 나도 모르게 작은 **탄성**•이 나왔다. ㉤화려하게 빛나는 건물이 연못에 비쳐 일렁이는 모습이 너무나도 아름다워 한동안 눈을 뗄 수 없었다.

▲ 금각사

일정을 마친 후 우리는 작은 찻집에 들러 이번 여행을 되돌아보았다. 교토 여행은 무엇보다 아버지와 함께할 수 있어서 좋았다. 오랜만에 만난 나를 안아 주시던 아버지의 가슴이 참 넓고 깊었다. 이번 여행은 오랫동안 기억에 남을 것 같다.

- **사리전**(舍 집 사, 利 이로울 이, 殿 큰집 전) 석가모니나 성자의 유골을 모시는 법당.
- **탄성**(歎 탄식할 탄, 聲 소리 성) 몹시 감탄하는 소리.

구조 읽기 빈칸에 알맞은 낱말을 써넣으며 내용을 정리해 보세요.

정답 및 해설 20쪽

일본에서 일하고 계시는 아버지를 만나러 가족과 함께 ❶ [ㄱ][ㅌ] 여행을 떠남.

청수사

청수사 이름의 뜻을 듣고, 청수사의 경치를 감상함.

→

니넨자카, 산넨자카

전통 양식의 상점들을 구경하고, 거리에 얽힌 ❷ [ㅈ][ㅅ]을 들음.

→

❸ [ㄱ][ㄱ][ㅅ]

금각사의 원래 이름을 듣고, 금각사의 경치를 감상함.

일정을 마치고 작은 찻집에 들러 여행을 되돌아봄.

2회독 빈칸을 채우지 못했다면 다시 **꼼꼼히** 읽어요!

꼼꼼한 이해

1 글쓴이가 언제, 어디로, 누구와 여행을 다녀왔는지 쓰세요.

(1) 언제: (   )

(2) 어디로: (   )

(3) 누구와: (   )

2 이 글을 읽고 알 수 있는 내용이 아닌 것은 무엇인가요? (   )

① 교토는 현재 일본의 수도이다.

② 금각사는 금각으로 불리는 사리전 건물이 유명하다.

③ 니넨자카는 2년 고개, 산넨자카는 3년 고개라는 뜻이다.

④ 청수사는 유네스코 세계 문화유산으로 지정된 사찰이다.

⑤ 니넨자카와 산넨자카의 곳곳에는 공예품 상점, 정원, 다실 등이 있다.

개념의 적용

3 글쓴이가 경험한 일로 알맞지 않은 것은 무엇인가요? (   )

① 오랜만에 아버지를 만났다.

② 청수사에서 '학문'을 상징하는 물을 마셨다.

③ 니넨자카와 산넨자카를 걷다가 넘어질 뻔했다.

④ 금각사에서 연못 한편에 우뚝 선 금각을 보았다.

⑤ 일정을 마치고 작은 찻집에 들러 여행을 되돌아보았다.

4 ㉠~㉤ 중 글쓴이가 교토를 여행하면서 느낀 점이 아닌 것은 무엇인가요? (   )

① ㉠ ② ㉡ ③ ㉢ ④ ㉣ ⑤ ㉤

생각과 판단

5 이 글을 읽고 알맞은 반응을 보인 친구에 ○표 하세요.

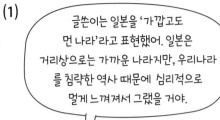

(1) 글쓴이는 일본을 '가깝고도 먼 나라'라고 표현했어. 일본은 거리상으로는 가까운 나라지만, 우리나라를 침략한 역사 때문에 심리적으로 멀게 느껴져서 그랬을 거야.

찬혁

(　　　　)

(2) 옛 전통을 살리는 것도 좋지만 현대화된 도시들이 생활하기에는 더 편리해. 그러므로 관광지도 현대적으로 개발해야 해.

하빈

(　　　　)

6 친구들이 바라는 것을 바탕으로 친구들에게 추천할 장소를 선으로 이으세요.

(1) 서현: 화려하면서도 아름다운 사찰을 방문해서 멋진 사진을 찍고 싶어. • 　　　• ① 금각사

(2) 유준: 과거의 모습을 잘 간직하고 있는 거리를 걸어 보고 싶어. • 　　　• ② 청수사

(3) 은서: 우리 가족의 건강과 사랑을 지켜 달라는 소망을 기원하고 싶어. • 　　　• ③ 니넨자카, 산넨자카

달곰한 생각 펼치기

인상 깊었던 경험을 떠올려 그때 보거나 들은 일, 생각하거나 느낀 점 등을 정리해 보아요.

7 최근에 다녀온 곳이나 경험한 일을 떠올려 보고 들은 것과 감상이 잘 드러나는 짧은 글을 써 보세요.

10 시에서 말하는 이

개념 사전

시인은 자신의 생각이나 느낌을 가장 효과적으로 전달하기 위해 시에서 '말하는 이'를 내세워요. 말하는 이는 시인과 같을 수도 있고 다를 수도 있어요. 시인은 시 속에서 자신의 목소리뿐 아니라, 다른 사람이나 사물의 목소리를 빌려서 생각과 느낌을 전달하기도 해요.

+말하는 이의 유형

- 겉으로 드러난 경우: 예 잎새에 이는 바람에도 나는 괴로워했다.
- 겉으로 드러나지 않은 경우: 예 강나루 건너서 / 밀밭 길을 // 구름에 달 가듯이 / 가는 나그네.

짧은 글로 개념 확인

확인 문제를 풀어 보며 개념을 익혀요.

1~3 시를 읽고 말하는 이로 알맞은 것에 ○표 하세요.

1

오늘은 짝 바꾸는 날
내 짝은 누가 될까

종이접기 달인 나은이?
장난꾸러기 정우?

누가 되어도 좋지만,
누가 될까 너무 궁금해

말하는 이는
(아이, 어른)이다.

2

노오란 알 속을 깨고 나온 나는
환한 햇살을 받으며
잎사귀를 먹고 또 먹었어요.

들판 위를 팔랑거리는 호랑나비를 보며
멋진 나비가 되어 날아오를 날을 기다려요.

말하는 이는
(나비를 지켜보는 아이,
나비가 될 준비를 하는
애벌레)이다.

3

신발장 속에서 오랫동안 기다리다가
비 오는 날, 드디어 밖으로 나왔어요

시원하게 비 맞으며
우리 지연이 비 맞지 않게
학교까지 데려다주었지요

말하는 이는
(우산, 지연)이다.

정답 1 아이 2 나비가 될 준비를 하는 애벌레 3 우산

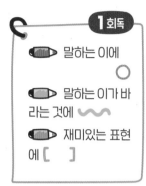

초록 토끼를 만났다
글 송찬호

1회독
말하는 이에 ○
말하는 이가 바라는 것에 〰
재미있는 표현에 [ ]

가 참새들이 까분다

참새들이 찔레나무 **덤불**•로
마을 **정자**• 지붕으로
감나무 가지로
㉠<u>우루루우루루</u> 몰려다닌다

저렇게 돌아댕기지 말고
우리 집 배추밭
배추벌레나 잡아먹었으면

내가 좇아가면
조금 더 멀리 날아가 앉고
조금 더 멀리 날아가 앉고

오늘따라 참새들이 나한테 더 까분다

- **덤불** 어수선하게 엉클어진 수풀.
- **정자**(亭 정자 정, 子 아들 자) 경치가 좋은 곳에 놀거나 쉬기 위하여 지은 집. 벽이 없이 기둥과 지붕만 있다.

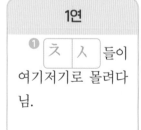

구조 읽기 빈칸에 알맞은 낱말을 써넣으며 내용을 정리해 보세요.

정답 및 해설 22쪽

1연	2연	3연	4연
❶ [ㅊ][ㅅ]들이 여기저기로 몰려다님.	참새들이 ❷ [ㅇ][ㄹ] [ㅈ] 배추밭의 배추벌레를 잡아먹기를 바람.	'나'가 참새들을 좇아가면 참새들이 도망감.	오늘따라 참새들이 더 까부는 것처럼 느껴짐.

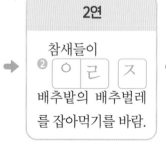

2회독 빈칸을 채우지 못했다면 다시 꼼꼼히 읽어요!

나 고슴도치

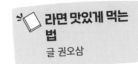

라면 맛있게 먹는 법
글 권오삼

1만 6천 개의 바늘로
온몸을 감싸고 있답니다

제발 건드리지 마세요
건드리면
나도 어쩔 수 없이

㉡ **밤송이**• 가 되어야 한답니다
바늘 뭉치가 되어야 한답니다

• **밤송이** 밤알을 싸고 있는 두꺼운 겉껍데기.

구조 읽기 빈칸에 알맞은 낱말을 써넣으며 내용을 정리해 보세요.

정답 및 해설 22쪽

1연	2연	3연
'나'는 수많은 ❸ [ㅂ][ㄴ]로 온몸을 감싸고 있음.	'나'를 건드리지 말아 달라고 부탁함.	'나'를 건드리면 바늘들을 뾰족하게 세우게 됨.

2회독 빈칸을 채우지 못했다면 다시 꼼꼼히 읽어요!

꼼꼼한 이해

1 시 가의 ㉠은 어떤 모습을 흉내 낸 말인가요? (   )

① 참새들이 싸우는 모습
② 참새들이 모여서 먹이를 먹는 모습
③ 참새들이 배추밭의 벌레를 먹는 모습
④ 아이들이 참새를 좇아 달려가는 모습
⑤ 참새들이 무리 지어 날아다니는 모습

2 시 가와 나의 말하는 이가 각각 바라는 것을 선으로 이으세요.

(1) 시 가의 말하는 이 •　　　　• ① 나를 건드리지 말아 줘.
(2) 시 나의 말하는 이 •　　　　• ② 배추벌레를 잡아먹어 줘.

개념의 적용

3 시 가의 말하는 이에 대한 설명으로 알맞지 <u>않은</u> 것에 ×표 하세요.

(1) 몰려다니는 참새들을 좇아갔다. (   )
(2) 좇아가면 도망가는 참새들 때문에 약이 올랐다. (   )
(3) 참새들이 배추밭을 망가트릴까 봐 걱정하고 있다. (   )

4 시 나의 말하는 이에 대한 설명으로 알맞은 것을 골라 기호를 쓰세요.

㉮ 고슴도치를 좋아하는 '어른'이다.
㉯ 건드리면 짖어대는 옆집 '강아지'이다.
㉰ 건드리면 바늘을 세우는 '고슴도치'이다.
㉱ 고슴도치의 바늘을 세우기 위해 괴롭히는 '아이'이다.

(   )

생각과 판단

5 **보기를 읽고, 시 가의 '참새들'에 대해 생각할 수 있는 내용으로 알맞은 것에 ○표 하세요.**

보기

찔레나무 덤불에서 먹이를 찾다가
우다다다우다다다 뛰어오는 소리에 놀라
정자 지붕으로 도망쳤어요

쿵쿵쿵쿵 정자까지 따라오는
녀석이 무서워
이번엔 감나무 가지에 앉았지요.

휴, 여기까진 못 오겠지?

(1) 참새들은 '나'가 무서워서 도망을 친 것이다. (   )

(2) 참새들은 '나'를 먹이를 주는 사람으로 생각했다. (   )

6 **시 나에 쓰인 ㉡의 의미를 바르게 이해한 친구의 이름을 쓰세요.**

원영: 고슴도치처럼 숨겨진 재능을 갖고 싶은 마음을 표현한 거야.
우진: 고슴도치가 온몸의 가시를 세워 다른 동물을 위협하는 모습을 표현한 거야.
수현: 고슴도치가 위협을 받으면 방어적인 태도를 취하게 된다는 것을 비유적으로 표현한 거야.

(   )

달곰한 생각 펼치기

시 속에서 말하는 이는 사람일 수도 있고, 사물일 수도 있어요.

7 **동물이나 사물을 '말하는 이'로 정하여 시를 써 보세요.**

• 말하는 이: ____________________

3 주차에서 우리는

11 글의 짜임 – 원인과 결과

12 발표문의 특징

13 제안하는 글의 특징

14 서술자의 위치

15 토의의 특징

문해력 개념	긴 글 읽기 지문	공부한 날
일이 발생한 원인과 그로 인한 결과를 살펴보며 글 읽기	앗! 땅이 꺼졌어요	월 일
발표문의 특징을 이해하며 글 읽기	오늘부터 '잘' 들어 볼까요?	월 일
제안하는 내용과 까닭이 적절한지 생각하며 글 읽기	투명 페트병만 따로 버리게 해 주세요	월 일
작품 속 서술자의 위치를 살펴보며 이야기 읽기	바꿔!	월 일
토의 주제와 토의 과정을 살펴보며 글 읽기	폐교를 어떻게 활용할까?	월 일

11 글의 짜임 - **원인**과 **결과**

개념 사전

'원인과 결과' 짜임의 글은 일이 발생한 이유와 그 결과를 나타내는 글이에요. 원인과 결과가 잘 연결되는지, 그 내용이 맞는지 비판적으로 살펴보며 읽어요.

- **'원인과 결과'의 짜임** 어떤 일이 발생하게 된 이유와 그로 인해 발생한 결과를 논리적으로 드러내는 글의 짜임
- **원인** 어떤 일을 일어나게 하거나 어떤 사물의 상태를 바꾸게 된 일이나 사건. 주로 '때문에', '탓에', '-해서' 등의 앞의 내용에 나타남.
- **결과** 어떤 일이나 과정이 끝난 후의 상태. 주로 '그래서', '그 결과', ' 때문에' 등의 뒤의 내용에 나타남.

확인 문제를 풀어 보며 개념을 익혀요.

1 다음 글을 읽고 원인과 결과를 구분해 선으로 이으세요.

존 몬테규 샌드위치 백작은 식사할 시간도 아까워할 만큼 카드놀이에 푹 빠져 지냈어요. 그는 카드놀이를 즐기면서 간단하게 식사를 할 수 있는 방법을 고민하다가 빵과 고기, 채소를 버무려서 꿀꺽 삼켰어요. 그 맛이 매우 놀라웠어요. 여태껏 먹어 보지 못한 색다르고 훌륭한 맛이었어요.

(1) 원인 •   • ① 카드놀이를 하며 간편하게 식사할 수 있는 방법을 고민하다 빵과 고기, 채소를 버무린 색다르고 훌륭한 맛을 찾았다.

(2) 결과 •   • ② 존 몬테규 샌드위치 백작이 카드놀이에 푹 빠졌다.

2 다음 글을 읽고 원인과 결과를 알맞게 정리한 문장에 ○표 하세요.

옛날에 매 주인들은 사냥을 나갔던 매가 다른 집으로 날아가는 것을 대비해, 매에 이름표를 붙여 놓고는 했습니다. 그런데 어떤 사람들은 그 이름표를 떼어 내고 다른 사람의 매를 자신의 것인 양 가로채기도 했습니다. 여기서 자신이 한 일을 숨기거나 알면서도 모르는 척하는 행동을 가리키는 '시치미를 떼다'라는 말이 생겨났습니다.

(1) 시치미를 가진 사람은 매의 주인이 될 수 있었기 때문에, 다른 사람이 붙인 시치미를 떼어서 모으는 사람이 생겨났다. (　　　　)

(2) 시치미를 떼면 누구의 매인지 알기 어렵기 때문에, 다른 사람이 붙인 시치미를 떼고 자신의 것인 양 가로채는 사람이 생겨났다. (　　　　)

정답 1 (1)② (2)① 2 (2)○

앗! 땅이 꺼졌어요

1회독

설명하려는 일에 ○
일이 일어난 원인에 〰
일의 결과가 드러난 부분에 [ ]

최근 서울 도심 한복판에 거대한 싱크홀이 발생해 도로를 달리던 승용차가 구멍에 빠지는 사고가 일어났어요. 싱크홀은 땅이 갑자기 꺼지면서 큰 구멍이 생기는 현상을 말해요. 대개 둥근 원통 모양 또는 원뿔 모양으로 지하에 공간이 생기는데, 그 깊이가 수백 미터에 이르기도 해요. 이런 현상은 세계 곳곳에서 발생하고 있으며, 우리나라에서도 최근 5년 동안 크고 작은 싱크홀이 1,200건 넘게 발생했어요. 그렇다면 싱크홀은 왜 생기는 것일까요?

▲ 차들이 다니는 도로에 생긴 싱크홀

먼저 자연적 원인을 들 수 있어요. 보통 땅속에 있던 지하수가 빠져나가면서 싱크홀이 생겨요. 땅 밑에는 **지층**˚ 등이 어긋나며 갈라져 있는 지역이 있어요. 이곳을 지하수가 채우고 있다가 여러 가지 이유로 지하수가 사라지면 땅이 꺼지는 거예요. 땅속 깊은 곳은 높은 압력을 받고 있는데, 지하수가 이 압력을 버티고 있다가 사라지면 땅이 압력을 견디지 못하고 가라앉는 것이지요. 또 지하수는 땅속을 흐르면서 커다란 동굴을 만들기도 해요. **석회암**˚ 지역에 지하수가 흐르면, 지하수에 들어 있는 이산화 탄소 성분이 석회암을 녹이면서 동굴이 만들어져요. 이렇게 만들어진 석회 동굴이 **지반**˚의 무게를 이기지 못하고 무너져 내리면 싱크홀이 생겨요. 이 밖에도 지진이나 폭우로 인해 땅속에 빈 공간이 생겼다가 무너져 내려 싱크홀이 만들어지기도 해요.

그런데 요즈음 도심에서 발생하는 싱크홀은 **인위적**˚ 원인 때문인 것이 많아요. 식수로 사용하려고 지하수를 너무 많이 뽑아 써서 땅속에 빈 공간이 생기고, 그 위에 지은 높은 건물의 무게를 견디지 못한 지반이 가라앉으면서 싱크홀이 생길 수 있어요. 또 건설 공사나 지하철 공사 등을 하면서 땅을 마구 파내 지하에 생긴 구멍이 무너지면서 싱크홀이 생기기도 해요. 낡은 **상하수도관**˚에서 물이 새어 나와 싱크홀이 생기는 경우도 많아요. 물이 새어 나오면 흙과 모래가 같이 쓸려 나가면서 땅속에 구멍이

- **지층**(地 땅 지, 層 층 층) 자갈·모래·진흙·생물체 따위가 지표나 물 밑에 퇴적하여 이룬 층.
- **석회암**(石 돌 석, 灰 재 회, 巖 바위 암) 탄산칼슘을 주성분으로 하는 퇴적암.
- **지반**(地 땅 지, 盤 소반 반) 땅의 겉으로 드러난 부분.
- **인위적**(人 사람 인, 爲 할 위, 的 과녁 적) 자연의 힘이 아닌 사람의 힘으로 이루어지는 것.
- **상하수도관** 먹는 물을 보내주는 설비인 상수도관과 쓰고 버린 물을 흘려보내는 설비인 하수도관을 함께 이르는 말.

생기고, 이것이 커져 싱크홀이 되는 거예요. 최근 우리나라 도심에서 발생한 싱크홀의 절반 이상이 상하수도관 때문이라는 분석도 있어요.

이처럼 싱크홀은 자연적 원인과 인위적 원인, 또는 이 두 가지가 복합적으로 작용하여 발생해요. 싱크홀은 큰 인명 피해와 재산 피해를 일으킬 수 있으므로 사고가 나기 전에 예방하는 것이 중요해요. 그래서 정부는 싱크홀 발생 기록과 지하수의 높이 변화, **지형**• 의 특징 등을 종합적으로 분석해 싱크홀이 발생할 가능성이 높은 지역을 선정해요. 그 지역을 중심으로 싱크홀 위험 요인을 파악하고 위험도를 평가해 대비하고 있지요. 또한 도심의 상하수도관을 주기적으로 점검하는 등의 노력도 기울이고 있답니다.

• **지형**(地 땅 지, 形 형상 형) 땅의 생긴 모양이나 형세.

구조 읽기

빈칸에 알맞은 낱말을 써넣으며 내용을 정리해 보세요.

정답 및 해설 24쪽

❶ ㅅ ㅋ ㅎ | 땅이 갑자기 꺼지면서 큰 구멍이 생기는 현상

❷ ㅈ ㅇ ㅈ 원인

지하수가 빠져나감, 석회 동굴이 무너짐, 지진이나 폭우 등

❸ ㅇ ㅇ ㅈ 원인

지하수 과다 사용, 건설 공사나 지하철 공사, 낡은 상하수도관 등

예방책

정부는 싱크홀 발생 가능성이 높은 지역을 관리하고, 도심의 상하수도관을 주기적으로 점검함.

2 회독 빈칸을 채우지 못했다면 다시 꼼꼼히 읽어요!

꼼꼼한 이해

1 **싱크홀의 뜻을 다음과 같이 정리할 때 빈칸에 알맞은 말을 쓰세요.**

[ ]이 갑자기 꺼지면서 [ ][ ][ ]이 생기는 현상	

2 **이 글을 읽고 알 수 있는 내용이 아닌 것은 무엇인가요?** ( )

① 땅속 깊은 곳은 높은 압력을 받고 있다.
② 도심에서 발생한 싱크홀의 절반 이상이 폭우 때문이다.
③ 석회암 지역에 지하수가 흐르면서 석회 동굴이 만들어진다.
④ 우리나라는 최근 5년 동안 싱크홀이 1,200건 넘게 발생했다.
⑤ 싱크홀을 예방하기 위해 도심의 상하수도관을 주기적으로 점검해야 한다.

개념의 적용

3 **이 글의 짜임을 알맞게 말한 것에 ○표 하세요.**

(1) 싱크홀 발생 문제를 제시한 후 싱크홀이 생기는 원인을 살펴보았다. ( )
(2) 싱크홀이 발생하는 과정을 시간적 순서에 따라 자세히 설명하였다. ( )
(3) 싱크홀이 무엇인지 설명한 후 싱크홀 발생으로 인한 피해를 자세히 알아보았다. ( )

4 **싱크홀의 발생 원인을 자연적 원인과 인위적 원인으로 구별할 때, 각각 알맞은 것을 보기에서 찾아 기호를 쓰세요.**

보기
㉮ 석회 동굴이 무너짐.
㉯ 땅속 지하수가 빠져나감.
㉰ 식수 등을 얻기 위해 지하수를 뽑아 씀.
㉱ 낡은 상하수도관에서 물이 새어 나옴.
㉲ 지진이나 폭우로 땅속에 공간이 생겨 무너짐.
㉳ 건설 공사나 지하철 공사로 땅에 구멍이 생김.

(1) 자연적 원인: ( )
(2) 인위적 원인: ( )

생각과 판단

5 이 글에 다음 기사의 내용을 넣으려고 할 때의 계획으로 알맞은 것에 ○표 하세요.

> 2023년 6월 24일 중부권에 심한 폭우가 쏟아진 후, 서울 시내에 크고 작은 싱크홀이 여러 건 발생했다. 서울시 조사 결과 싱크홀이 발생한 지역은 지하철 9호선 연장 공사가 진행되던 곳이었다.

(1) 폭우로 토사가 쓸려 내려가며 발생한 싱크홀이므로 자연적 원인으로 생긴 싱크홀의 사례로 제시한다. (　　　　)

(2) 지하철 공사를 하기 전에 그 지역의 지형적 특성을 파악하지 않은 결과가 어떠한지 보여 주는 사례로 제시한다. (　　　　)

(3) 폭우라는 자연적 원인과 지하철 공사라는 인위적 원인이 복합적으로 작용하여 생긴 싱크홀의 사례로 제시한다. (　　　　)

6 싱크홀이 발생했을 때 입을 수 있는 피해를 바르게 짐작한 친구의 이름을 쓰세요.

> 준영: 싱크홀이 발생하면 공기와 땅이 오염되어서 사람들의 건강이 나빠질 수 있어.
> 서현: 싱크홀이 발생하면 가뭄이 발생하거나 폭우가 쏟아지는 등의 이상 기후가 나타나 사람들이 고통받을 수 있어.
> 시후: 갑자기 싱크홀이 발생하면 싱크홀에 사람이 빠져 다칠 수 있고, 지반이 불안정해져서 건축물이 무너질 수도 있어.

(　　　　　　)

달곰한 생각 펼치기

원인과 결과가 드러나는 글에서는 사건의 전개 과정이 명확하게 나타나요.

7 오늘 내가 겪은 일 중에서 기억에 남는 일을 원인과 결과가 드러나게 써 보세요.

12 발표문의 특징

개념 사전

발표문은 목적에 따라 내용이 달라지므로 발표자가 무엇을 전달하고자 하는지 파악하며 읽는 것이 중요해요. 발표문에 포함된 시각 자료도 잘 살펴봐야 하지요.

+ **발표문** 어떤 주제에 대해 여러 사람들 앞에서 정보를 알려 주거나 설득하기 위해 쓴 글
+ **발표문의 특징**
  - 정보 전달, 설득, 의견 제시 등 발표의 목적이 명확하게 드러남.
  - 듣는 사람의 관심사와 지식수준 등에 맞게 내용이 구성됨.
  - 듣는 사람의 이해를 돕기 위해 표, 그래프, 그림 등 다양한 시각 자료를 활용할 수 있음.
  - 처음 – 가운데 – 끝의 논리적인 흐름을 보임.

짧은 글로 **개념 확인**

확인 문제를 풀어 보며 개념을 익혀요.

1 **다음 발표문의 주제로 알맞은 것에 ○표 하세요.**

쓰레기의 양을 줄이기 위해 우리가 실천할 수 있는 것 중 하나가 '용기 내 챌린지'입니다. 음식을 포장할 때 사용하는 플라스틱과 비닐을 줄이기 위해 '용기를 내어 용기(그릇)에 음식을 포장하는 것'입니다.

(1) 쓰레기의 양을 줄이기 위한 '용기 내 챌린지' (　　　　)

(2) 자신감이 떨어진 친구를 응원하는 '용기 내 챌린지' (　　　　)

2 **다음 계획에 따라 발표를 하려고 할 때, 발표문을 쓰는 방법으로 알맞지 않은 것에 ×표 하세요.**

- 주제: 바르고 고운 말을 쓰자.
- 듣는 사람: 우리 반 친구들
- 발표 목적: 친구들끼리 바르고 고운 말을 쓰도록 설득하기 위해서

(1) 친구들이 이해하기 쉬운 말을 써야겠어. (　　　　)

(2) 어른들의 언어 습관을 시각 자료로 제시해야겠어. (　　　　)

(3) 친구들의 말 때문에 상처를 받은 적이 있는지 질문하여 듣는 사람의 반응을 이끌어 내야겠어. (　　　　)

3 **다음은 발표문의 일부입니다. 발표문의 처음 부분에 어울리는 내용으로 알맞은 것의 번호를 쓰세요.**

① 어떤 사람이 행복한 삶을 살 수 있을까요? 오늘 여러분과 행복한 삶을 사는 법에 대해 이야기를 나눠 보려고 합니다.

② 좋아하는 것이 무엇인지, 잘하는 것이 무엇인지 알기 위해서는 다양한 경험을 해 봐야 합니다. 앞으로 여러 분야에서 일하는 사람들을 만나 이야기를 나누며 여러분의 적성을 발견하시기를 바랍니다.

(　　　　　　)

정답 1 (1) ○　2 (2) ×　3 ①

오늘부터 '잘' 들어 볼까요?

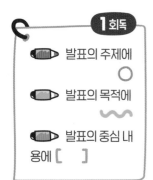

1회독
발표의 주제에 ○
발표의 목적에 〰
발표의 중심 내용에 [ ]

여러분은 오늘 하루 동안 얼마나 많은 대화를 했나요? 친구들과 가벼운 인사를 나누는 일부터 마음속에 있는 말을 털어놓기까지 생각보다 많은 대화를 나누었을 것입니다. 대화는 사람들과 함께 살아가는 데 꼭 필요한 것이며, 좋은 관계를 **형성할**• 수 있는 기본적인 방법입니다.

대화는 '말하기'와 '듣기'로 이루어집니다. 내가 말할 때는 상대방이 들어 주고, 상대가 말할 때는 내가 들어 주면서 대화가 이어집니다. ㉠저는 이 과정에서 말하기보다 듣기가 더 중요하다고 생각합니다. 그러나 '어떻게 하면 더 잘 말할 수 있을까?'를 고민하는 사람은 많지만, '어떻게 하면 더 잘 들을 수 있을까?'를 고민하는 사람은 드뭅니다. 그래서 오늘 저는 '잘 듣는 방법'에 대해 이야기하려고 합니다.

잘 듣기 위해 가장 기본이 되는 것은 자세입니다. 대화가 시작되면 하던 일을 멈추고 상대방을 바라보며 상대의 말에 귀를 기울여야 합니다. '나는 네 얘기를 들을 준비가 되었어.'라는 것을 자세로 보여 주는 것이죠. 그리고 상대방의 말을 끝까지 들어야 합니다. 말을 듣다 보면 '어? 그게 아닌데.'라거나 '아, 난 그렇게 생각하지 않는데.'와 같이 상대방이 하는 말에 대한 생각과 **판단**•이 불쑥불쑥 머릿속에 떠오를 수도 있습니다. 그럴 때마다 상대방의 말을 끊고 내 생각을 말하기보다는, 상대방이 충분히 이야기할 수 있도록 끝까지 들어야 합니다. 그 후 자신의 의견을 덧붙이는 것이 좋습니다.

적절한 반응을 보이며 듣는 것도 중요합니다. 다음 상황을 한번 보세요.

어떤 상황이 대화가 더 잘 이루어지는 것 같나요? 고개를 끄덕이거나 알맞은 표정을 짓고, 맞장구를 치는 등의 반응을 보이면, 말하는 사람은

- **형성**(形 형상 형, 成 이룰 성)**하다** 어떤 형상을 이루다.
- **판단**(判 판가름할 판, 斷 끊을 단) 어떤 사물에 대하여 여러 사정을 따져서 자기의 생각을 분명하게 정하는 것. 또는 그렇게 정한 내용.

듣는 사람이 진심으로 나의 이야기에 귀를 기울이고 있다고 느낄 것입니다. 마지막으로 상대방의 이야기가 끝났을 때, 내가 듣고 이해한 내용을 **요약해서**● 말해 줍니다. 이렇게 하면 내가 잘못 들은 부분이 없는지, 상대방의 말을 제대로 이해했는지 확인할 수 있습니다.

잘 듣는 것은 단순히 대화를 잘하는 것 이상의 의미를 지닙니다. 이는 상대방에 대한 존중과 관심의 표현이며, 상대방의 마음을 이해하고 공감하는 첫걸음입니다. 우리가 매일 나누는 대화 속에서 '잘 듣기'를 실천한다면, 소통이 더욱 잘되어서 주변 사람들과 좋은 관계를 유지하는 데 도움이 될 것입니다.

오늘부터 상대방의 이야기에 더 집중하며 말을 진심으로 들어 주는 연습을 해 보는 것은 어떨까요?

● **요약**(要 중요할 요, 約 맺을 약)**하다** 말이나 글의 요점을 잡아서 간추리다.

구조 읽기 빈칸에 알맞은 낱말을 써넣으며 내용을 정리해 보세요.

정답 및 해설 26쪽

대화		• 사람들과 함께 살아가는 데 꼭 필요함. • 사람들과 좋은 관계를 형성할 수 있는 기본적인 방법임. • 대화는 ❶ 'ㅁ ㅎ ㄱ'와 '듣기'로 이루어짐.
잘 듣는 방법	자세	• 대화가 시작되면 상대방을 ❷ ㅂ ㄹ ㅂ ㄱ. • 상대방이 하는 말을 끊지 않고 끝까지 듣기.
	반응	• 상대방이 이야기하는 동안 적절한 반응을 보이기. • 듣고 이해한 내용을 ❸ ㅇ ㅇ 하여 말해 주기.
잘 듣기가 중요한 까닭		주변 사람들과 좋은 관계를 유지하는 데 도움이 됨.

2 회독 빈칸을 채우지 못했다면 다시 꼼꼼히 읽어요!

꼼꼼한 이해

1 **이 발표문의 주제로 알맞은 것에 ○표 하세요.**

(1) 친구와 사이좋게 지내는 방법 (　　　　)
(2) 내 생각을 논리적으로 말하는 방법 (　　　　)
(3) 대화할 때 상대방의 이야기를 잘 듣는 방법 (　　　　)

2 **이 글에서 설명한 '잘 듣는 방법'으로 알맞지 않은 것은 무엇인가요?** (　　　　)

① 들을 때는 말하는 사람을 바라본다.
② 상대방의 말에 알맞은 표정을 짓는다.
③ 고개를 끄덕이거나 맞장구를 치며 듣는다.
④ 상대방의 말을 듣다가 떠오르는 내용이 있으면 바로 말한다.
⑤ 상대방의 말을 요약하여 내용을 제대로 이해했는지 확인한다.

개념의 적용

3 **발표문의 처음 부분에서 오늘 하루 동안 얼마나 많은 대화를 했는지 물어본 까닭으로 알맞은 것에 ○표 하세요.**

(1) 발표 내용을 간단하게 요약하려고 (　　　　)
(2) 발표자가 경험한 일을 자세히 소개하려고 (　　　　)
(3) 듣는 사람들이 발표 내용에 관심을 갖게 하려고 (　　　　)
(4) 듣는 사람들을 대상으로 오늘 하루 대화를 얼마나 많이 했는지 조사하려고 (　　　　)

4 **이 발표문을 바르게 이해한 친구의 이름을 쓰세요.**

연규: 처음 부분에서는 전문가의 말을 인용해 잘 듣기가 생각보다 어렵다는 사실을 알려 주고 있어.
승호: 가운데 부분에서는 발표자가 한 일, 본 것, 들은 것, 느낀 것을 시간 순서대로 자세히 설명하고 있어.
윤정: 끝부분에서는 잘 듣는 게 얼마나 중요한지 강조하며, 앞으로 같이 실천해 보자고 제안하고 있어.

(　　　　　　)

생각과 판단

5 **다음 글을 참고하여 ㉠의 까닭을 바르게 이해한 것에 ○표 하세요.**

> 의사소통 전문가는 말을 잘하기 위해서는 먼저 잘 들어야 한다고 말합니다. 상대방의 생각과 감정을 정확히 이해한 후 적절한 반응을 보여야 대화가 성공적으로 이루어질 수 있기 때문입니다. 만약 상대방이 하는 말을 제대로 이해하지 못한 상태에서 엉뚱한 이야기를 한다면, 대화를 하며 서로 오해가 쌓이고 갈등이 생길 수 있습니다.

(1) 듣는 동안 내가 할 말을 준비할 수 있기 때문이다. (　　　　)

(2) 잘 들어야 상황에 맞는 반응을 보일 수 있기 때문이다. (　　　　)

(3) 말하기보다 듣기를 잘할 때 어휘력이 길러지기 때문이다. (　　　　)

6 **이 글을 바탕으로 다음 상황에서 도준에게 할 조언으로 알맞은 것을 찾아 번호를 쓰세요.**

> 서율: 내가 어제 속상한 일이 있었는데…….
> 도준: 아, 나도 할 말 있는데, 내 얘기부터 들어 봐!

① 적절한 반응을 보여 주도록 해.

② 상대방의 말을 끝까지 들어야 해.

③ 들은 내용을 정리해서 말해야 해.

(　　　　　　)

글에서 말한 잘 듣는 방법과 지금까지 내가 사람들과 대화하던 모습을 떠올려 비교해 보세요.

달곰한 생각 펼치기

7 **오늘 하루 가장 기억에 남는 대화를 요약해서 적고, 자신의 듣기 태도는 어떠했는지 써 보세요.**

• 가장 기억에 남는 대화: ______________________________

____

• 나의 듣기 태도: ______________________________

____

13 제안하는 글의 특징

개념 사전

제안하는 글은 일상생활에서 문제를 발견하고, 그 문제의 해결 방법을 제안하기 위해 쓴 글이에요. 따라서 이런 글을 읽을 때는 글에 나타난 문제점이 무엇인지, 제안하는 내용이 문제를 해결하는 데 적절한지 생각하며 읽어야 해요.

✦ **제안하는 글** 어떤 일을 더 좋은 쪽으로 해결하기 위하여 의견을 낸 글

✦ **제안하는 글의 내용**

문제 상황		제안하는 내용		제안하는 까닭		기대 효과
해결해야 할 문제를 제시	+	문제를 해결하기 위한 구체적인 방안	+	문제 상황에서 제안을 하는 까닭	+	제안이 이루어졌을 때의 효과

짧은 글로 개념 확인

확인 문제를 풀어 보며 개념을 익혀요.

1 제안하는 글을 써야 하는 상황으로 알맞은 것을 모두 골라 ○표 하세요.

(1) 내 짝을 소개할 때 ( )

(2) 복도에 쓰레기가 자주 보일 때 ( )

(3) 선생님께 고마운 마음을 전할 때 ( )

(4) 학급 문고의 도서가 분실되고 정리가 안될 때 ( )

2 제안하는 글의 내용 중 무엇에 해당하는지 알맞은 것을 찾아 선으로 이으세요.

(1) 수업 시간에 스마트폰 전원을 끄자.	•	• ㉠ 문제 상황
(2) 수업 시간에 스마트폰이 울리면 수업에 방해가 된다.	•	• ㉡ 제안하는 내용
(3) 스마트폰을 끄면 수업 내용에 더 집중할 수 있게 된다.	•	• ㉢ 기대 효과

정답 1 (2) ○ (4) ○ 2 (1) ㉡ (2) ㉠ (3) ㉢

투명 페트병만 따로 버리게 해 주세요

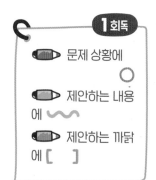

1회독

- 문제 상황에 ○
- 제안하는 내용에 ～～
- 제안하는 까닭에 [ ]

존경하는 교장 선생님, 저는 4학년 2반 김수현입니다. 저는 교장 선생님께 우리 학교의 플라스틱 분리배출* 상황과 문제점을 말씀드리려고 합니다. 그리고 이를 고치기 위해 투명 페트병을 따로 분리배출할 수 있도록 장소를 마련할 것을 **제안합니다***.

수업 시간에 환경에 대해 공부하면서 플라스틱 쓰레기 문제의 심각성을 알게 되었습니다. 태평양 바다에는 ㉠지도에도 없는 플라스틱 섬이 있으며, 수많은 바다 생물이 플라스틱 쓰레기 때문에 죽어 가고 있다고 합니다. 저는 무심코 버리는 쓰레기가 쌓여 지구를 아프게 하고 다른 생물들을 병들게 한다는 사실에 놀랐습니다.

플라스틱 쓰레기 문제를 해결하기 위해서는 플라스틱 사용을 줄이는 것이 가장 좋지만, 다 쓴 플라스틱을 다시 사용하는 일도 중요합니다. 특히 투명 페트병은 플라스틱 종류 중에서도 재활용 가치가 높으므로 다른 플라스틱과 같이 버리지 않고 꼭 분리배출해야 합니다.

플라스틱 쓰레기 중 투명 페트병은 식품 용기로 재활용할 수도 있고, 폴리에스터 섬유 원사 같은 재생* 원료로 바꾸어 의류와 가방을 만들 수도 있습니다. 이러한 장점 때문에 환경부에서는 2020년 12월부터 투명 페트병을 따로 모아서 재생 원료를 확보하려고 노력하고 있습니다.

하지만 현재 우리 학교에는 플라스틱 분리배출 장소만 있을 뿐, 투명 페트병을 분리배출할 수 있는 장소가 마련되어 있지 않습니다. 그래서 투명 페트병을 다른 플라스틱과 섞어서 버릴 수밖에 없습니다.

저희는 수업 시간에 쓰레기를 종류에 따라 분리하여 배출하는 방법을 배웠습니다. 투명 페트병은 내용물을 비우고 물로 깨끗하게 씻은 뒤, 겉면에 붙어 있는 라벨을 떼어 내고, 최대한 압축하여 뚜껑을 닫은 후 버려야 합니다. 저는 학교에서 배운 내용을 실천하고, 깨끗한 지구를 만드는 일에 동참하고 싶습니다.

- **분리배출**(分 나눌 분, 離 떠날 리, 排 밀칠 배, 出 날 출) 쓰레기 등을 종류별로 나누어서 버림.
- **제안**(提 끌 제, 案 책상 안)**하다** 의견이나 안건으로 내놓다.
- **재생**(再 다시 재, 生 날 생) 낡거나 못 쓰게 된 물건을 가공하여 다시 쓰게 함.

우리 학교에도 투명 페트병을 분리배출할 수 있는 장소가 마련되면 좋겠습니다. 일부 **지자체**•나 공동주택에서는 투명 페트병 분리배출함을 설치하여 운영하고 있습니다. 이러한 **사례**•를 참고하여, 우리 학교에도 학생들이 분리배출에 참여할 수 있는 공간을 만들어 투명 페트병 분리배출함을 설치해 주세요.

학생들도 투명 페트병 분리배출에 참여하여, 재생 자원을 활용하고 환경을 보호하는 일에 동참해야 합니다. 배움의 **장**•인 학교에서부터 쓰레기를 재활용하여 지속 가능한 깨끗한 지구를 만드는 일에 힘을 보탤 수 있도록 교장 선생님의 적극적인 지원을 부탁드립니다.

감사합니다.

- **지자체**(地 땅 지, 自 스스로 자, 體 몸 체) '지방 자치 단체'를 줄여 이르는 말.
- **사례**(事 일 사, 例 법식 례) 이전에 실제로 일어난 예.
- **장**(場 마당 장) 어떤 일이 행하여지는 곳.

구조 읽기

빈칸에 알맞은 낱말을 써넣으며 내용을 정리해 보세요.

정답 및 해설 28쪽

문제 상황		제안하는 내용		제안하는 까닭
학교에서 ❶ [ㅌ][ㅁ] [ㅍ][ㅌ][ㅂ]을 다른 플라스틱과 섞어서 버림.	+	투명 페트병 분리배출 장소를 마련하여 투명 페트병 ❷ [ㅂ][ㄹ][ㅂ][ㅊ][ㅎ]을 설치해야 함.	+	• 재생 자원을 활용하고 환경을 보호하는 일에 동참해야 함. • 학교에서부터 쓰레기를 재활용하여 깨끗한 지구를 만드는 데 도움이 되도록 해야 함.

기대 효과	
	• 투명 페트병은 ❸ [ㅅ][ㅍ] [ㅇ][ㄱ]로 재활용하거나 재생 원료로 사용할 수 있음. • 학교에서 배운 내용을 실천하고, 깨끗한 지구를 만드는 일에 동참할 수 있음.

2회독 빈칸을 채우지 못했다면 다시 꼼꼼히 읽어요!

꼼꼼한 이해

1 **밑줄 친 낱말의 뜻이 이 글에 사용된 의미와 같지 않은 것에 ×표 하세요.**

(1) 우리 아파트의 쓰레기 분리배출 날짜는 매주 일요일이다. (　　　)

(2) 그는 환경 보호를 위해 재활용을 해서 만든 종이 봉지를 쓴다. (　　　)

(3) 상처에 물이 들어가지 않도록 해야 덧나지 않고 재생이 잘된다. (　　　)

2 **이 글을 읽고 알 수 있는 내용으로 알맞지 않은 것은 무엇인가요?** (　　　)

① 쓰레기 재활용이 지구를 보호하는 데 도움이 된다.
② 투명 플라스틱은 플라스틱 중에서도 재활용 가치가 높다.
③ 글쓴이는 학교 수업 시간에 쓰레기 분리배출 방법을 배웠다.
④ 일부 공동주택에는 투명 페트병 분리 배출함이 설치되어 있다.
⑤ 글쓴이의 학교에는 쓰레기를 분리배출하기 위한 장소가 마련되어 있지 않다.

개념의 적용

3 **글쓴이가 이 글을 쓴 목적으로 알맞은 것에 ○표 하세요.**

(1) 교장 선생님께 고마운 마음을 전하기 위해서 (　　　)

(2) 교실에서 물건을 사용하는 방법을 설명하기 위해서 (　　　)

(3) 학교에서 불편하다고 느꼈던 일을 좋은 쪽으로 해결하기 위해서 (　　　)

4 **이 글의 내용을 다음과 같이 정리할 때, 빈칸에 알맞은 말을 쓰세요.**

문제 상황	투명 페트병을 다른 ❶ □□□□ 과 섞어서 버리고 있음.
제안하는 내용	투명 페트병 ❷ □□□□ 장소를 마련해 투명 페트병 분리배출함을 설치해 달라.
제안하는 까닭	• 재생 자원을 활용하고 환경을 보호하는 일에 동참하고자 함. • 투명 페트병 분리배출은 깨끗한 지구를 만드는 데 도움이 됨.

생각과 판단

5 **보기**는 ㉠에 대한 설명입니다. **보기**를 읽고 예상할 수 있는 문제점을 바르게 말한 친구에 ○표 하세요.

보기

1994년, 요트를 타고 태평양을 횡단하던 찰스 무어는 미국 캘리포니아와 하와이 사이에서 섬을 발견했다. 이 섬은 해류에 떠밀려 온 플라스틱 쓰레기가 모여서 만들어진 것으로, 크기는 대한민국의 약 16배에 달했다.

(1) 민시: 우리나라보다 훨씬 넓은 땅이니 여러 나라에서 서로 섬을 차지하려고 싸움을 벌일 거야. (　　　　)

(2) 종서: 바닷물에 섞여 들어간 플라스틱 쓰레기를 먹이로 착각하여 잘못 먹은 바닷새와 물고기의 생명이 위험해질 거야. (　　　　)

6 다음은 글쓴이가 다른 학생들에게 제안하기 위해 쓴 글입니다. 이 글의 내용으로 보아 알맞지 않은 것을 찾아 기호를 쓰세요.

저는 4학년 2반 김수현입니다. 며칠 전 교장 선생님께 ㉮투명 페트병 분리배출 장소를 마련해 달라고 제안을 드렸더니, 교장 선생님께서 흔쾌히 들어주셨습니다. 학생 여러분, ㉯플라스틱류와 종이류를 잘 구분하여 배출해 주십시오. ㉰투명 페트병을 분리하여 배출하면 재생 자원을 활용할 수 있고, 지구 환경도 보호할 수 있습니다.

(　　　　　　　)

달곰한 생각 펼치기

자신이 평소에 해결하고 싶었던 문제를 떠올리고, 그 문제를 해결하는 방법을 생각해 보아요.

7 내 주변에서 해결했으면 하는 문제를 떠올려 보고, 그 문제의 해결 방법을 제안하는 글을 써 보세요.

• 문제 상황:

• 제안하는 내용:

14 서술자의 위치

승훈이는 이미 지쳤지만
끝까지 포기하지 않았다.
나는 숨을 헉헉거리며
달려갔다.

개념 사전

서술자는 이야기를 끌고 가는 사람이에요. 이야기를 읽을 때 서술자를 이해하면 이야기의 인물이나 벌어지는 사건 등을 잘 이해할 수 있어요.

+ 서술자 이야기에서 작가를 대신하여 이야기를 전해 주는 이

+ 서술자의 위치

- 서술자가 이야기 안에 있을 때: '나'라는 인물이 등장하여 보고 느낀 것을 전달함.
- 서술자가 이야기 밖에 있을 때: '나'라는 인물이 등장하지 않으며, 작품 밖에 있는 서술자가 인물들의 행동과 마음을 전달함.

짧은 글로 개념 확인

확인 문제를 풀어 보며 개념을 익혀요.

1~3 이야기를 읽고, 서술자에 대한 설명으로 알맞은 것에 ○표 하세요.

1

마침내 숲을 벗어나자 익숙한 마을 풍경이 눈에 들어왔다. 나는 기쁨의 눈물을 흘리며 집으로 달려갔다. 나는 거인 나라에서 겪었던 일들을 어머니께 말씀드렸다. 어머니는 놀라워하시며 무사히 돌아와서 다행이라고 나를 꼭 안아 주셨다.

(1) 이 이야기에서 사건을 전달해 주는 서술자는 ('나', 거인, 어머니)이다.

(2) 이 이야기의 서술자는 이야기 (안, 밖)에 있다.

2

뜨거운 햇살이 내리쬐는 여름이 되었어요. 나비는 화려하게 피어난 꽃들과 신나게 놀았지요. 하지만 더운 열기에 꽃들이 금방 시들해지기 시작했어요. 나비는 슬픈 마음으로 꽃들을 위로해 주었어요.

(1) 겪은 일을 전달하는 '나'가 이야기 안에 (있다 , 없다).

(2) 서술자가 이야기 (안 , 밖)에 있다.

3

참을 수가 없어 수박을 살짝 건드려 봤어요. '쿵!' 하는 소리와 함께 수박이 굴러떨어졌지요. 너무 놀라서 나는 얼른 숨었어요. 하지만 곧 과일 가게 아주머니의 화난 목소리가 들려왔어요.

"누가 수박을 건드렸어!"

(1) 이 이야기는 시장에서 잘못을 저지르고 숨은 ('나', 아주머니)의 이야기이다.

(2) 이 이야기의 서술자는 ('나', 아주머니, 이야기 밖의 서술자)이다.

정답 1 (1) '나' (2) 안 2 (1) 없다 (2) 밖 3 (1) '나' (2) '나'

바꿔!
글 박상기

바꿔!

1회독

이야기의 서술자에 ○
중심 사건에 〰
서술자의 마음이 드러나는 부분에 [ ]

떨고 있는 엄마를 안심시키려면 어제 있었던 일을 모두 말해 주는 수밖에 없었어. 나는 '바꿔!' 앱을 발견한 일부터 **자초지종**•을 전부 들려줬지. 엄마는 ㉠내 얘기를 듣고도 믿지 못하는 분위기였어.

"세상에, 그런 앱이 어디 있어?"

"보면 몰라? 여기 있잖아. 그래서 엄마랑 나랑 몸이 바뀐 거고."

인정할 수밖에 없는 현실 때문인지 엄마 눈동자가 파르르 떨리고 있었어.

"……이거 꿈은 아니지?"

나는 곧장 엄마 볼을 확 잡아당겼어.

"아악!"

엄마가 요란한 비명을 질러 댔어. 감정을 너무 실었나? 엄마가 뺨을 어루만지면서 또 물었어.

"그러면 바로 되돌릴 수도 있는 거니?"

"당연하지."

테스트는 이걸로 대성공이니까 빨리 되돌려야 했어. 나는 책상에 있는 스마트폰을 들고 와서 '바꿔!' 앱을 열었지. 붉은색으로 바뀐 화면이 지금 우리가 몸이 바뀐 상태라는 걸 알려 주고 있었어. 되돌리려면 스위치를 'ON'으로 누르고 엄마랑 일 분 이상 통화하면 돼. 나는 곧장 스위치를 눌렀지.

"어?"

㉮ 그 순간 당황한 건 엄마가 아니라 나였어. 스위치가 켜지지 않는 거야. 몇 번이고 눌렀는데도 소용없었어. 엄마는 **영문**•도 모른 채 스마트폰 화면만 바라보고 있었지. 점점 식은땀이 나기 시작했어.

"왜 그래? 빨리 바꿔. 엄마 아침밥 차리게."

"자, 잠깐만."

예상치 못한 일이라 나는 앱을 다시 샅샅이 뒤져 보았어. 맨 밑에 작게 '개발자의 말'이라고 쓰인 메뉴가 보이더라고. 곧장 눌러 들어가 봤어.

바꿔! 앱을 이용해 주셔서 감사합니다.

• **자초지종**(自 스스로 자, 初 처음 초, 至 이를 지, 終 마칠 종) 처음부터 끝까지의 과정.
• **영문** 일이 돌아가는 형편이나 그 까닭.

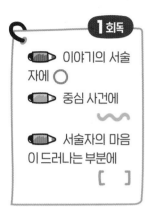

이 애플리케이션은 테스트 버전으로 특별한 사람에게만 제공하고 있습니다.

테스트 버전은 1회만 사용 가능하며, 되돌리기까지는 최소 7일이 소요되니 유의해서 사용하시기 바랍니다.

추후 정식 버전이 **출시될**• 예정이니 기다려 주시면 대단히 감사하겠습니다.

"뭐! 치, 칠 일?"

나도 모르게 소리쳤어. 머리가 띵하더라고. 다운 받을 땐 그런 안내가 없더니 이렇게 찾기 힘든 곳에 중요한 내용을 적어 놓으면 어떡해! 만약 개발자의 연락처가 적혀 있었다면 당장 전화해서 항의했을 거야. 엄마가 **얼빠진**• 목소리로 중얼거렸어.

"……일주일이나 이 상태로 지내야 한다니."

정말 **맥**•이 탁 풀리는 기분이었어. 엄마 얼굴도 울상이 되었지. 나는 한참을 침묵하다 달랜답시고 말했어.

ⓛ "어쩌면 재미있을지도 몰라."

엄마가 뭐라 쏘아붙이려던 그때, 방문이 벌컥 열렸어. 우리는 화들짝 놀라 그곳을 바라봤지. 아빠와 오빠가 똑같이 배를 어루만지며 서 있었어.

"배고파. 밥 언제 먹어?"

아빠의 말에 누가 대답해야 할지 몰라서 엄마와 나는 서로 마주 보았어. 그러고는 둘 다 일어나 부엌으로 향했지. 의심받지 않으려면 일단 같이 움직이는 수밖에 없었어. 아아, 어쩌다 일이 이렇게 꼬여 버린 걸까.

- **출시**(出 날 출, 市 시장 시)**되다** 상품이 시중에 나오다. 또는 상품을 시중에 내보내다.
- **얼빠지다** 정신이 없어지다.
- **맥**(脈 맥 맥) 기운이나 힘.

구조 읽기

빈칸에 알맞은 낱말을 써넣으며 내용을 정리해 보세요.

정답 및 해설 30쪽

❶ '[ㅂ][ㄲ]!' 앱을 통해 엄마와 '나'의 몸이 바뀜.	➡	원래대로 되돌리기 위해 앱의 스위치를 눌렀지만 소용이 없었음.	➡	되돌리는 데 최소 7일을 기다려야 한다는 ❷ [ㄱ][ㅂ][ㅈ]의 말을 보고 '나'와 엄마는 당황함.

2회독 빈칸을 채우지 못했다면 다시 꼼꼼히 읽어요!

꼼꼼한 이해

1 '나'가 '바꿔!' 앱을 이용해서 한 일로 알맞은 것에 ○표 하세요.

(1) '나'와 엄마의 몸을 바꾸었다. (　　　　)
(2) '바꿔!' 앱의 정식 버전의 출시를 도왔다. (　　　　)
(3) 배고파 하시는 아빠의 밥을 주문하였다. (　　　　)

2 이 이야기의 내용으로 알맞은 것은 무엇인가요? (　　　　)

① 몸이 바뀐 상태가 되면 앱에는 초록색으로 표시된다.
② 엄마는 몸이 바뀌는 앱이 있다는 사실을 알고 재미있어하셨다.
③ '나'는 앱에서 설명하는 대로 실행해 원래대로 몸을 돌려놓았다.
④ '나'가 사용한 앱은 특별한 사람에게만 제공되는 테스트 버전이다.
⑤ 아빠와 오빠는 엄마와 '나'를 보자마자 뭔가 이상하다는 것을 눈치챘다.

개념의 적용

3 이 이야기의 서술자에 대한 설명으로 알맞지 <u>않은</u> 것은 무엇인가요? (　　　　)

① 서술자가 작품 안에 있다.
② '나'가 겪은 일과 본 것을 이야기한다.
③ '나'가 주인공으로 자신의 이야기를 전달한다.
④ 이야기를 읽는 사람들은 '나'의 속마음을 알 수 있다.
⑤ '나'를 모르는 사람이 이야기 밖에서 관찰한 내용을 전해 준다.

4 ㉮를 다음과 같이 바꾸었을 때 달라진 점으로 알맞은 것에 ○표 하세요.

> 그 순간 당황한 건 마리 엄마가 아니라 마리였어. 스위치가 켜지지 않았지. 마리가 몇 번이고 눌렀는데도 소용없었어. 마리 엄마는 영문도 모른 채 스마트폰 화면만 바라보고 있었지. 마리의 얼굴에 점점 식은땀이 나기 시작했어.

(1) 이야기가 더 사실적으로 느껴진다. (　　　　)
(2) 이야기의 말하는 이가 작품 밖에 있다. (　　　　)
(3) 작품 안에 있는 '내'가 보고 느낀 것을 전달한다. (　　　　)

생각과 판단

5 ㉠의 내용을 바르게 추측해 말한 친구의 이름을 쓰세요.

주경: 친구들과 싸우고 학교에 가지 않은 것을 엄마에게 들켜 학교에서 무슨 일이 있었는지 솔직하게 말했을 거야.
성훈: '나'의 말을 귀 기울여 들어주지 않는 엄마에게 서운해서 엄마와 '나'의 스마트폰을 바꾸어 버린 일을 사실대로 말했을 거야.
연서: 원하는 사람과 몸을 바꿀 수 있다는 앱을 발견하고 시험 삼아 해 봤더니 진짜로 몸이 바뀌어 버렸다는 이야기를 했을 거야.

(　　　　　　　　)

6 ㉡에 대한 설명으로 알맞은 것을 두 가지 골라 번호를 쓰세요.

① 당황해하는 엄마를 위로하려고 하는 말이다.
② 앞으로의 일을 걱정하는 마음이 담긴 말이다.
③ 상황을 긍정적으로 바라보려는 마음이 담긴 말이다.
④ 이런 상황을 해결할 수 없는 자신을 자책하는 말이다.

(　　　　　　　　)

다른 사람의 삶을 살아 볼 수 있다면 누구의 삶을 살아 보고 싶은지 생각해 보세요.

달곰한 생각 펼치기

7 '나'를 서술자로 하여 '바꿔!' 앱이 생긴다면 하고 싶은 일을 써 보세요.

• 몸을 바꾸고 싶은 사람: ____________________

• 하고 싶은 일: ____________________

15 토의의 특징

개념 사전

토의 글은 공동의 문제를 해결하기 위해 여러 사람들이 의견을 교환하는 토의 과정이 담긴 글이에요. 따라서 어떤 문제에 대해 토의하고 있는지, 문제를 해결하기 위해 결정된 내용은 무엇인지를 살펴보며 읽는 것이 좋아요.

+ **토의** 공동의 관심사가 되는 문제를 해결하기 위해 여러 사람이 의견을 나누는 말하기
+ **토의의 절차** 토의 주제 정하기 → 의견 마련하기 → 의견 모으기 → 의견 결정하기

짧은 글로 개념 확인

확인 문제를 풀어 보며 개념을 익혀요.

1 **토의 주제로 알맞은 것을 골라 ○표 하세요.**

(1) 우리 반의 일회용품 사용을 어떻게 줄일까? (　　　　)

(2) 작년에 우리 학교에 입학한 신입생은 몇 명일까? (　　　　)

(3) 우리나라처럼 사계절이 있는 나라가 또 있을까? (　　　　)

2 **다음은 토의에서 나온 의견입니다. 이 토의의 주제로 알맞은 것에 ○표 하세요.**

> 재준: 점심시간에 밥을 빨리 먹고 나오는 순서대로 운동장을 사용하면 좋겠습니다.
> 서아: 학년별로 요일을 정해서 해당하는 요일에 운동장을 사용하면 좋겠습니다.

(1) 점심시간에 밥을 어떤 순서로 먹으면 좋을까? (　　　　)

(2) 점심시간에 학교 운동장을 어떻게 사용하면 좋을까? (　　　　)

3 **다음은 토의의 일부입니다. 사회자의 말로 보아, 토의의 단계 중 어느 단계에 해당하는지 알맞은 것에 ○표 하세요.**

> 세은: 거리에 미술 작품을 전시하는 것은 돈도 많이 들고 관리가 힘듭니다. 꽃을 심는 것이 현실적으로 가능한 일인 것 같습니다.
> 민혁: 저도 꽃을 심자는 의견에 동의합니다.
> 사회자: 그럼 우리 마을을 아름답게 가꾸기 위해 마을 화단에 꽃을 심는 것으로 결정하겠습니다.

(1) 토의 주제 정하기 (　　　　)

(2) 의견 마련하기 (　　　　)

(3) 의견 모으기 (　　　　)

(4) 의견 결정하기 (　　　　)

정답 1 (1) ○　2 (2) ○　3 (4) ○

폐교를 어떻게 활용할까?

1회독

토의 주제에 ○

토의 주제에 대한 의견에 ～

토의에서 결정한 내용에 [ ]

사회자: 오늘은 **폐교**•가 된 우리 마을의 □□ 초등학교를 어떻게 활용할지 의논하기 위해 모였습니다. 학생 수 감소로 인해 학교가 폐교된 지 벌써 3년이 지났지만, 아직 어떻게 사용할지 방법을 찾지 못한 채 방치되고 있습니다. 평소 생각하고 계셨던 폐교 활용 방법을 이야기해 주시면, 의견의 장단점을 살펴 폐교 활용 방법을 결정하도록 하겠습니다.

조경인: 저는 우리 마을의 폐교를 농촌 체험 학습장으로 운영했으면 합니다. 폐교를 이용해 도시 학생들에게 **떡메**• 치기, 농사 체험, 송사리 잡기 등의 체험 기회를 제공하면 어떨까요? 도시 학생들에겐 농촌을 즐겁게 체험할 수 있는 기회를 제공하고, 우리 군은 농촌 체험 학습장 운영 수익을 거두어 마을 수입에 보탤 수 있을 것입니다.

김민철: 도시 학생들을 위한 체험의 장으로 활용하기보다 주민들이 직접 폐교를 이용하는 것이 좋지 않을까요? 저는 우리 마을의 폐교를 노인들을 위한 공간으로 이용하면 좋겠습니다. 우리 군은 현재 노인 인구가 무척 많습니다. 그렇지만 노인들이 무언가를 배우거나 모여서 함께 즐길 수 있는 장소는 부족합니다. 폐교를 노인 대학으로 만들어 어르신 교육을 진행하면 주민들의 만족도가 높을 것입니다.

고혜숙: 저는 폐교를 미술관으로 활용하였으면 해요. 이웃 마을에서는 폐교를 미술관으로 활용하고 있어요. 아름다운 작품을 전시해 주민들뿐 아니라 전국 각지에서 사람들이 몰려드는 관광 **명소**•가 되었지요. 우리도 폐교를 미술관으로 활용한다면 관광객들을 끌어모으고, 주민들의 문화 수준까지 끌어올릴 수 있을 거예요.

사회자: 다들 좋은 의견을 말씀해 주셨네요. 지금부터 농촌 체험 학습장, 노인 대학, 미술관 세 가지 의견 중에서 어떤 안이 가장 적절할지 의논해 보겠습니다. 앞서 말씀하신 의견들을 '우리 마을 사람에게 도움이 되는가?', '현실적으로 가능한가?'의 두 가지 기준에 따라 생각해 보았으면 합니다.

임태현: 미술관은 **현실성**•이 떨어집니다. 작품을 사들이고 관리하려면 많은 **예산**•이 필요한데, 현재 군청 예산이 빠듯해요.

- **폐교**(廢 폐할 폐, 校 학교 교) 학교의 운영을 폐지함. 또는 그렇게 된 학교.
- **떡메** 인절미나 흰떡 따위를 만들기 위하여 찐 쌀을 치는 메.

- **명소**(名 이름 명, 所 바 소) 경치나 고적 등으로 이름난 곳.
- **현실성**(現 나타날 현, 實 열매 실, 性 성품 성) 현재 실제로 존재하거나 실현될 수 있는 성질.
- **예산**(豫 미리 예, 算 계산 산) 필요한 비용을 미리 헤아려 계산함. 또는 그 비용.

경규리: 농촌 체험 학습장도 우리 마을 사람들에게 그다지 도움이 되지 않아요. 이미 농촌에 사는 우리가 농촌 체험을 할 일이 없고, 마을 수익 사업으로나 활용할 수 있을 뿐이죠. 노인 대학으로 활용하면 노인이 많은 우리 마을의 각 가정에 도움이 될 거예요. 또 폐교는 원래 교육 시설이었으므로 공간을 활용하기에도 수월합니다.

임태현: 저도 노인 대학으로 활용하는 것에 동의합니다. 다만 노인뿐 아니라 나이에 상관없이 마을 사람들 모두 교육을 받을 수 있으면 좋겠어요.

사회자: 네. 노인 대학은 우리 마을 사람 모두에게 도움이 되고, 현실적으로도 가능해 보이네요. 또 다른 의견이 있으신가요? 없으시면 우리 마을의 폐교를 노인 대학으로 활용하는 방법에 대해 군청 관계자들과 의견을 나누어 보도록 하겠습니다. 긴 시간 토의에 참여해 주셔서 감사합니다.

구조 읽기

빈칸에 알맞은 낱말을 써넣으며 내용을 정리해 보세요.

정답 및 해설 32쪽

토의 주제	우리 마을의 ❶ [ㅍ][ㄱ]를 어떻게 활용할까?
↓	
의견 마련하기	의견 1: 농촌 체험 학습장으로 운영하자. 의견 2: 노인 대학으로 활용하자. 의견 3: 미술관으로 활용하자.
↓	
의견 모으기	• 우리 마을 사람에게 도움이 되는가? • ❷ [ㅎ][ㅅ]적으로 가능한가?
↓	
의견 결정하기	우리 마을의 폐교를 ❸ [ㄴ][ㅇ] [ㄷ][ㅎ]으로 활용하는 방법을 찾아보기로 함.

2회독 빈칸을 채우지 못했다면 다시 꼼꼼히 읽어요!

꼼꼼한 **이해**

1 **이 토의의 주제로 알맞은 것에 ○표 하세요.**

(1) 어떻게 마을 수익을 높일까? (　　　　)
(2) 폐교에 어떤 미술 작품을 전시할까? (　　　　)
(3) 우리 마을의 폐교를 어떻게 활용할까? (　　　　)

2 **이 토의에 나타난 '우리 마을'의 상황으로 알맞지 않은 것은 무엇인가요?** (　　　　)

① 농촌 마을이다.
② 마을의 예산이 넉넉하다.
③ 노인 인구가 많은 편이다.
④ 이웃 마을에는 관광 명소가 있다.
⑤ 3년이 지나도록 방치된 폐교가 있다.

개념의 **적용**

3 **폐교를 농촌 체험 학습장으로 활용하면 어떤 점이 좋다고 하였는지 두 가지 고르세요.** (　　　　)

① 우리 군을 많은 사람들에게 알릴 수 있다.
② 주민들의 문화 수준을 끌어올릴 수 있다.
③ 어르신들을 위한 교육을 제공할 수 있다.
④ 운영 수익을 거두어 마을 수입에 보탤 수 있다.
⑤ 도시 학생들에게 농촌을 체험할 기회를 줄 수 있다.

4 **사회자가 제시한 두 가지 기준에 맞춰 토의에서 나온 의견을 평가할 때, 기준에 맞으면 ○표, 맞지 않으면 ×표 하세요.**

㉮ 우리 마을 사람에게 도움이 되는가?
㉯ 현실적으로 가능한가?

	의견	㉮	㉯
(1)	폐교를 농촌 체험 학습장으로 활용하자.		
(2)	폐교를 미술관으로 활용하자.		
(3)	폐교를 노인 대학으로 활용하자.		

생각과 판단

5 이 토의에서 다음 신문 기사의 내용을 근거로 사용할 만한 토의 참여자의 이름에 ○표 하세요.

> 세계적인 화가 이○○ 화백이 □□군에 작품 200점을 기부하기로 하였습니다. 어린 시절을 □□군에서 보낸 이 화백은 고향의 자연 풍경이 작품 활동에 큰 영향을 주었다며, 많은 관광객들이 □□군을 방문해 자신의 작품을 감상하기를 바란다고 밝혔습니다.

(1) 조경인 (　　) (2) 김민철 (　　) (3) 고혜숙 (　　)

6 이 토의의 내용을 고려할 때, 다음에 이어질 토의의 주제로 알맞은 것은 무엇인가요? (　　)

① 주민들이 직접 폐교를 이용할 것인가?
② 군청의 어느 부서와 의견을 나눌 것인가?
③ 노인 대학에서 어떤 내용의 교육을 할 것인가?
④ 공간의 변경을 위한 예산은 어떻게 확보할 것인가?
⑤ 폐교의 활용을 통해 얻은 수익을 어떻게 분배할 것인가?

달곰한 생각 펼치기

폐교의 다양한 활용 방법을 떠올려 보세요.

7 자신이 이 토의에 참여한다면 어떤 의견을 제시할지 써 보세요.

나는 폐교를 (　　　　　　)(으)로 활용하였으면 한다.

왜냐하면 ____________________

4주차에서 우리는

문해력 개념	긴 글 읽기 지문	공부한 날
글에 쓰인 단일어와 복합어 구분하기	수업 시작해야지요	월 일
문제가 나타나게 된 원인과 해결 방안을 살펴보며 글 읽기	청소년 시력 저하를 어떻게 예방할까?	월 일
인물이 한 일, 말과 행동, 본받을 점을 찾으며 전기문 읽기	독립을 위해 온몸을 바친 윤봉길	월 일
사건의 흐름을 살펴보며 이야기 읽기	일기 감추는 날	월 일
답사 목적과 답사 내용을 살펴보며 글 읽기	조선과 대한 제국의 역사가 깃든 덕수궁	월 일

16 단일어와 복합어

개념 사전

낱말은 '쪼갤 수 있느냐 없느냐'로 구분할 수 있어요. 사과와 같이 '사'와 '과'로 나누면 본디의 뜻이 없어져 더는 나눌 수 없는 낱말은 '단일어'라고 해요. '사과나무'처럼 뜻이 있는 두 낱말을 합한 낱말과 '민소매'처럼 뜻을 더해 주는 낱말과 뜻이 있는 낱말을 합한 낱말은 '복합어'라고 해요.

낱말의 종류

- **단일어**: 낱말을 쪼개었을 때 각각 아무 뜻을 가지지 못하여 더 이상 나눌 수 없는 낱말
  - 예 바다, 고구마, 파랗다, 높다, 밝다 등
- **복합어**: 낱말을 쪼개었을 때 더 작은 부분으로 나눌 수 있는 낱말
  - 예 햇밤, 새우잠, 돌다리, 감나무, 맨손 등

짧은 글로 개념 확인

확인 문제를 풀어 보며 개념을 익혀요.

1 다음 낱말에 해당하는 설명을 찾아 선으로 이으세요.

(1) 오리 •

(2) 눈사람 •

(3) 빨갛다 •

(4) 구름다리 •

• ① 낱말을 쪼개었을 때 더 작은 부분으로 나눌 수 있는 낱말

• ② 낱말을 쪼개었을 때 각각 아무 뜻을 가지지 못하여 더 이상 나눌 수 없는 낱말

2 다음 낱말이 단일어인지 복합어인지 판단하여 알맞은 곳에 ○표 하세요

(1) 하늘 (단일어 / 복합어) (2) 김밥 (단일어 / 복합어)

(3) 할머니 (단일어 / 복합어) (4) 헛수고 (단일어 / 복합어)

3 다음 낱말을 뜻을 더해 주는 낱말과 뜻이 있는 낱말로 나누어 쓰세요.

(1) 날고기 = ☐ + ☐

(2) 새하얗다 = ☐ + ☐

정답 1 (1) ② (2) ① (3) ② (4) ① 2 (1) 단일어 (2) 복합어 (3) 단일어 (4) 복합어 3 (1) 날, 고기 (2) 새, 하얗다

오늘도 학교로 로그인
글 문현식

수업 시작해야지요

1회독

시작 상황을 나타내는 말에 ○

친구들이 한 행동에 〰

선생님이 하신 말씀에 [ ]

수업 시작종이 울리니
준호는 우유를 마셔요
서현이는 화장실에 가요
시원이는 닭처럼 꼬끼오
민서는 리코더 삐리리
준서는 거울 앞에서 엉엉 울어요
선아는 갑자기 머리가 아파요
수아랑 주아는 공기놀이
재원이는 화분에 물을 주고
쯔엉은 **사물함**• 에서 책을 꺼내요
선생님이 말해요
수학 수업해야지요?

• **사물함**(私 사사로울 사 物 만물 물 函 함 함) 공공시설을 이용할 때 개인의 물건을 넣어 둘 수 있게 만든 네모난 통.

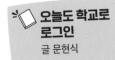

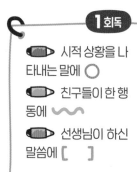

참, 수업 시간이지
준호는 우유를 쏟아요
서현이는 들어오다 넘어져요
시원이는 병아리처럼 삐악삐악
민서는 **연주**•를 마무리하고
준서는 훌쩍훌쩍 눈물을 닦아요
선아는 보건실로 사라졌어요
수아랑 주아는 **공깃돌**•을 찾고
재원이 화분에 물이 넘쳐요
쯔엉은 도덕책을 가져왔어요
빨개진 얼굴로 선생님이 말해요
이러면 앞으로 쉬는 시간 없지요?

㉠ 우리는 알아요
이래도 쉬는 시간 있다는 걸

- **연주**(演 멀리 흐를 연, 奏 아뢸 주) 악기를 다루어 음악을 들려줌.
- **공깃돌** 공기놀이에 쓰는 도토리 크기의 작고 동그란 돌.

구조 읽기 빈칸에 알맞은 낱말을 써넣으며 내용을 정리해 보세요.

정답 및 해설 34쪽

1연	수업 ❶ [ㅅ][ㅈ][ㅈ]이 울리고 수업이 시작됨.
2연	• 수업 시간이 되어 학생들이 자리로 돌아오지만 어수선함. • 선생님은 학생들에게 수업 시간에 수업에 집중하지 않으면 앞으로 쉬는 시간을 주지 않을 것이라고 함.
3연	학생들은 선생님이 앞으로도 ❷ [ㅅ][ㄴ] [ㅅ][ㄱ]을 주실 것을 알고 있음.

2회독 빈칸을 채우지 못했다면 다시 꼼꼼히 읽어요!

꼼꼼한 **이해**

1 이 시에 대한 설명으로 알맞은 것에 모두 ○표 하세요.

(1) 배경은 교실이다. (   )

(2) 3연으로 이루어졌다. (   )

(3) 쉬는 시간에 일어난 일을 표현했다. (   )

2 친구들의 행동에 대한 설명으로 알맞지 않은 것은 무엇인가요? (   )

① 준호는 우유를 마시다가 쏟았다.

② 선아는 머리가 아파서 보건실에 갔다.

③ 서현이는 화장실에 가서 돌아오지 않았다.

④ 준서는 거울 앞에서 울다가 눈물을 닦았다.

⑤ 쯔엉은 사물함에서 도덕책을 꺼내 가져왔다.

개념의 **적용**

3 **보기**의 낱말을 단일어와 복합어로 구분하여 각각 쓰세요.

보기			
거울	공기놀이	눈물	얼굴

(1) 단일어: ______________, ______________

(2) 복합어: ______________, ______________

4 **보기**처럼 낱말을 쪼개었을 때 더 작은 부분으로 나눌 수 있는 낱말이 아닌 것은 무엇인가요? (   )

보기

화장+-실, 사물+함

① 시작종　② 선생님　③ 병아리

④ 공깃돌　⑤ 도덕책

생각과 판단

5 ㉠으로 보아 이 시에 등장하는 선생님의 성격을 알맞게 말한 친구에 ○표 하세요.

(1)

선생님은 공부 시간에는 쉬는
시간을 주시고, 쉬는 시간에는 공부를 하자고
하셔. 우리 선생님은 재미있으셔.

은주

(　　　　)

(2)

선생님이 쉬는 시간이 없다고 하셔도
우리는 쉬는 시간을 주신다는 것을 알고 있지.
우리 선생님은 너그러우셔.

선욱

(　　　　)

6 다음 글의 글쓴이가 이 시에 나온 친구들에게 할 수 있는 말로 알맞은 것에 ○표 하세요.

> 초등학교의 수업 시간은 한 교시당 40분이며, 각각의 수업 시간 사이에는 쉬는 시간이 10분 주어집니다. 쉬는 시간은 화장실이나 보건실에 다녀오거나, 다음 수업을 위해 책과 준비물을 준비하는 시간입니다.

(1) 친구들은 수업 시작종이 울렸는데도 쉬는 시간처럼 계속 자기 할 일을 하고 있습니다. 하지만 수업이 시작되면 하던 일을 멈추고 수업에 집중해야 합니다. (　　　　)

(2) 친구들은 수업 시작종이 쳐도 쉬는 시간처럼 행동하고 있습니다. 물론 수업 시간에 자신이 하고 싶은 일을 해도 됩니다. 그러나 선생님께 말씀드리고 자신의 일을 해야 합니다. (　　　　)

달콤한 생각 펼치기

단일어와 복합어를 넣어서 시를 써 보세요.

7 '쉬는 시간'을 글감으로 시를 지어 보세요.

17 글의 짜임 - 문제와 해결

문제: 학생들의 스마트폰 중독 문제가 심각하다.
톡톡 톡톡
삑~
삑~
해결 1: 스마트폰 사용 시간을 제한하는 앱 설치하기
응? 알람!
앗. 벌써 시간이 다 됐군.
삐삐삐삐빅~
해결 2: 스마트폰 없이 즐길 수 있는 취미 활동하기

개념 사전

'문제와 해결' 짜임의 글에는 문제 상황과 그것을 해결할 수 있는 방법이 나타나 있어요. 따라서 글에 드러난 문제 상황은 무엇인지, 문제가 나타나게 된 원인은 무엇이며, 문제를 해결하는 방법이 적절한지 등을 따져 보며 읽어야 해요.

- **'문제와 해결'의 짜임** 문제 상황과 그것을 해결할 수 있는 구체적인 방법을 논리적으로 제시하는 글의 짜임

짧은 글로

개념 확인

확인 문제를 풀어 보며 개념을 익혀요.

1 **이 글에 드러난 문제와 해결 방안을 구분해 선으로 이으세요.**

최근 초등학생 대상의 사이버 범죄가 증가하고 있습니다. 온라인상에서 친근하게 접근한 후 연락처나 사진을 받아 범죄에 사용합니다. 따라서 모르는 사람이 개인 정보를 요구하면 절대로 알려 주지 말고 어른에게 알려야 합니다.

(1) 문제 •   • ① 최근 초등학생 대상의 사이버 범죄가 증가하고 있다.

(2) 해결 방안 •   • ② 모르는 사람이 개인 정보를 요구하면 절대로 알려 주지 말고 어른에게 알려야 한다.

2 **다음 글을 읽고 문제와 해결 방안을 알맞게 정리한 문장에 ○표 하세요.**

이탈리아의 베네치아는 하루 평균 6만 명에서 12만 명의 관광객들이 몰리면서 집값과 생활 물가가 치솟는 현상이 발생했습니다. 2024년 4월부터 베네치아는 세계 도시 중 처음으로 하루만 도시를 방문하는 관광객에게 약 7,000원의 입장료를 부과하겠다고 밝혔습니다.

(1) 베네치아는 관광 수입이 감소하는 문제를 해결하기 위해 관광객들에게 입장료를 걷어 수익을 높이기로 하였다. (　　　　)

(2) 베네치아는 관광객들이 몰려들어 집값이 오르고 물가가 치솟는 문제를 해결하기 위해 관광객들에게 입장료를 받기로 하였다. (　　　　)

정답 1 (1)① (2)② 2 (2)○

청소년 시력 저하를 어떻게 예방할까?

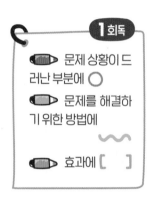

1회독

문제 상황이 드러난 부분에 ◯

문제를 해결하기 위한 방법에 〰

효과에 [ ]

책이나 전자 기기를 가까이에서 오랫동안 보고 있으면 시력이 쉽게 떨어질 수 있다. 10대들은 공부를 하느라 책을 가까이에서 오래 읽거나 휴식 중에도 스마트폰이나 노트북 같은 전자 기기를 들여다보는 일이 많다. 그래서 대부분의 청소년들은 상이 망막 앞에 맺혀 멀리 있는 물체를 잘 보지 못하는 근시 문제를 겪는다. 10대 청소년 10명 가운데 8명이 근시라는 분석 결과가 있을 정도로 우리나라 청소년들의 시력 **저하**°가 심각하다. 청소년들의 시력이 떨어지는 것을 예방하기 위해서는 어떻게 해야 할까?

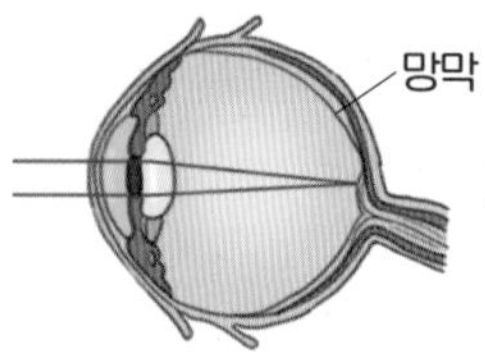

▲ 정시

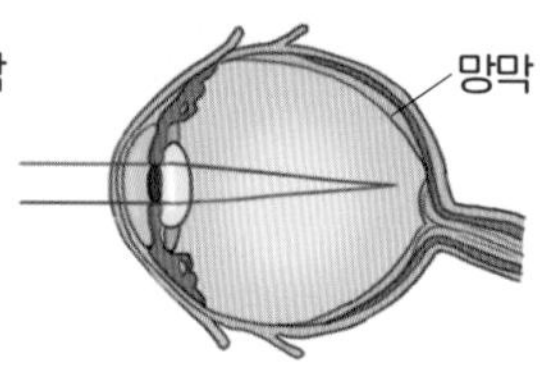

▲ 근시

㉠첫째, 긴 시간 동안 책을 읽거나 전자 기기를 사용할 때는 중간중간 휴식을 취한다. 가까이 있는 물체를 오랜 시간 들여다보면 안구가 길어져 근시가 진행되기 쉽다. 그런데 요즘은 경쟁적인 교육 환경 탓에 과도하게 공부를 하는 청소년들이 많이 있다. 또 공부나 게임을 하면서 전자 기기를 쉼 없이 들여다보는 일도 많다. 대한안과학회에서는 이러한 이유로 나타나는 청소년 근시를 예방하기 위해 스마트폰 사용 시간을 하루 1시간 이내로 줄일 것을 **권장하고**° 있다. 시간 **제한**°이 어렵다면 중간중간 눈을 쉬게 해 주는 것이 필요하다. 디지털 기기를 사용하는 사이사이에 먼 곳을 바라보며 눈 근육을 풀어 주면 시력 저하를 효과적으로 막을 수 있다.

둘째, 야외 활동 시간을 늘려 햇빛을 충분히 쬔다. 햇빛을 받으면 망막에서 도파민이 분비된다. 도파민은 안구가 균형 있게 발달할 수 있도록 도와주어 근시가 진행되는 것을 막는다. 2008년에 한 안과학 전문지는 싱가포르에 거주하는 중국인 학생들과 호주 시드니에 거주하는 중국인 학생들의 시력을 비교한 연구 결과를 소개했다. 싱가포르에 사는 학생들의 근시 비율이 29%인 데 비해, 시드니에 사는 학생들의 근시 비율은 3%였다. 조사 대상이었던 학생들은 다른 조건은 비슷했지만, 시드니에 사는 중국인 학생들이 싱가포르에 사는 중국인 학생들보다 야외 활동 시간이 훨씬 길었다. 전문가들은 야외 활동이 눈의 근육을 풀어 주고 근시를 예방하는 효과가 있다고 말한다.

- **저하**(低 낮을 저, 下 아래 하) 수준이나 능력 따위가 떨어져 낮아짐.
- **권장**(勸 권할 권, 奬 장려할 장)**하다** 어떠한 일을 하라고 권하고 북돋아 주다.
- **제한**(制 억제할 제, 限 막을 한) 일정한 한도를 정하거나 그 한도를 넘지 못하게 막음. 또는 그렇게 정한 한계.

셋째, 정기적으로 안과 **검진**•을 받는다. 근시는 대개 18세까지 진행되는데, 시력이 나빠져 사물이 흐릿하게 보이는 상태로 일상생활을 계속하면 근시 진행이 빨라질 위험이 높다. 따라서 안경이나 렌즈를 껴서 **교정시력**•을 향상시키는 것이 중요하다. 일 년에 한두 차례 안과에 가서 눈의 건강 상태를 확인하고, 이상이 발견되면 적절한 **조치**•를 취해야 빠른 시력 저하를 막을 수 있다.

한번 나빠진 눈은 다시 좋아지기 어려우므로 시력이 떨어지기 전에 예방하는 것이 중요하다. 전자 기기를 사용하는 중간중간에 휴식을 취하며, 야외 활동 시간을 늘리고, 정기적으로 안과 검진을 받는다면 시력 저하를 예방하는 데 많은 도움이 될 것이다.

- **검진**(檢 검사할 검, 診 볼 진) 건강 상태와 질병의 유무를 알아보기 위하여 증상이나 상태를 살피는 일.
- **교정시력**(矯 바로잡을 교, 正 바를 정, 視 볼 시, 力 힘 력) 근시나 원시같이 굴절 이상인 눈에 안경 따위를 써서 얻은 시력.
- **조치**(措 둘 조, 置 둘 치) 벌어지는 사태를 잘 살펴서 필요한 대책을 세워 행함. 또는 그 대책.

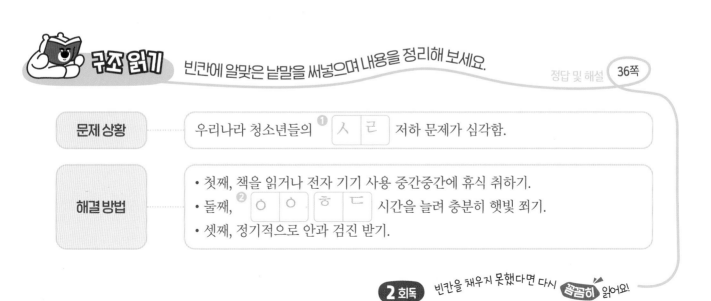

구조 읽기 빈칸에 알맞은 낱말을 써넣으며 내용을 정리해 보세요.

정답 및 해설 36쪽

문제 상황	우리나라 청소년들의 ❶ [ㅅ][ㄹ] 저하 문제가 심각함.
해결 방법	• 첫째, 책을 읽거나 전자 기기 사용 중간중간에 휴식 취하기. • 둘째, ❷ [ㅇ][ㅇ] [ㅎ][ㄷ] 시간을 늘려 충분히 햇빛 쬐기. • 셋째, 정기적으로 안과 검진 받기.

2 회독 빈칸을 채우지 못했다면 다시 꼼꼼히 읽어요!

꼼꼼한 **이해**

1 이 글의 내용으로 알맞지 않은 것은 무엇인가요? (　　　　)

① 청소년들의 시력 저하 문제가 심각한 상황이다.
② 햇빛을 받으면 도파민이 분비되어 근시가 빠르게 진행된다.
③ 근시를 가진 청소년들은 먼 곳에 있는 물체를 잘 보지 못한다.
④ 사물이 흐릿하게 보이는 상태로 지내면 근시 진행이 빨라질 수 있다.
⑤ 대한안과학회는 청소년 근시 예방을 위해 스마트폰 사용 시간을 하루 1시간 이내로 줄일 것을 권장한다.

2 다음 낱말의 뜻으로 알맞은 것을 찾아 선으로 이으세요.

(1) 권장 •　　　• ① 어떠한 일을 하라고 권하고 북돋아 주는 것.
(2) 조치 •　　　• ② 기한이나 기간이 일정하게 정하여져 있는 것.
(3) 정기적 •　　　• ③ 벌어지는 사태를 잘 살펴서 필요한 대책을 세워 행함. 또는 그 대책.

개념의 **적용**

3 이 글에 드러난 문제 상황을 바르게 말한 것에 ○표 하세요.

(1) 운동 부족으로 인해 비만이 된 청소년들이 많다. (　　　　)
(2) 스마트폰에 중독되어 학업에 집중하지 못하는 청소년들이 많다. (　　　　)
(3) 책이나 전자 기기를 가까이에서 오랜 시간 들여다보아 시력이 떨어진 청소년들이 많다. (　　　　)

4 **보기**에서 알맞은 말을 찾아 이 글에서 제시한 문제의 해결 방법을 정리하세요.

보기
야외 활동　　　안과 검진　　　전자 기기

(1) 장시간 책을 읽거나 (　　　　　　　　)을/를 사용할 때는 중간중간 휴식을 취한다.
(2) (　　　　　　　　) 시간을 늘린다.
(3) 정기적으로 (　　　　　　　　)을/를 받는다

생각과 판단

5 ㉠을 뒷받침할 수 있는 내용으로 알맞은 것에 ○표 하세요.

(1) 근시인 사람들의 비율이 미국인과 유럽인은 약 20%인 데 비해, 아시아인은 약 60%이다. 아시아인은 유전적 요인으로 근시가 많다. (　　　　)

(2) 가까이에서 오랫동안 물체를 들여다보면 눈 근육들이 팽팽하게 긴장되는데 이때 먼 곳을 바라보며 휴식을 취하면 눈 근육이 풀어져 안구가 길어지는 것을 막을 수 있다. (　　　　)

6 이 글을 읽고, 시력 저하를 막기 위해 바르게 행동하지 않은 친구는 누구인지 쓰세요.

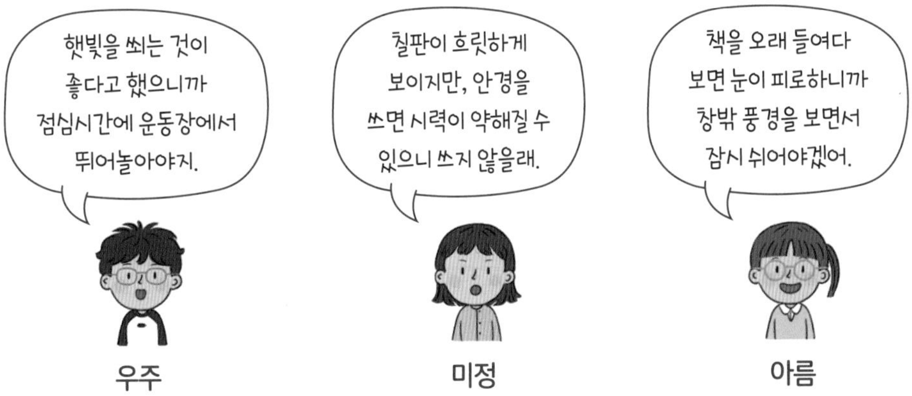

햇빛을 쐬는 것이 좋다고 했으니까 점심시간에 운동장에서 뛰어놀아야지.
칠판이 흐릿하게 보이지만, 안경을 쓰면 시력이 약해질 수 있으니 쓰지 않을래.
책을 오래 들여다 보면 눈이 피로하니까 창밖 풍경을 보면서 잠시 쉬어야겠어.
우주
미정
아름

(　　　　　　　　　　)

문제점을 떠올린 후 그 문제를 해결할 수 있는 방안과 그 근거를 제시해 보세요.

달콤한 생각 펼치기

7 평소 심각하다고 생각했던 문제를 떠올려 그 문제의 해결 방안을 써 보세요.

요즈음 (　　　　　　　　　　) 문제가 심각하다.

이 문제를 해결하기 위해 ______________________________

____

____

18 전기문의 특징

개념 사전

전기문은 사실을 바탕으로 인물이 살아온 삶과 업적 등에 대해 쓴 글이에요. 인물이 언제 어떤 일을 했는지 파악하고 인물의 말이나 행동에서 본받을 점을 찾으며 읽는 것이 좋아요.

+ **전기문** 인물이 살아온 과정을 역사적 사실에 근거해 쓴 글

+ **전기문의 특징**

- 인물이 한 일과 인물의 가치관이 나타남.
- 인물이 살았던 시대 상황이 드러남.

짧은 글로 개념 확인

확인 문제를 풀어 보며 개념을 익혀요.

1~2 **전기문의 요소와 그 내용으로 알맞은 것을 찾아 선으로 이으세요.**

1

(1)	인물이 살았던 시대 상황	①	세종대왕은 백성들이 살기 좋은 나라를 만드는 것이 무엇보다 중요하다고 생각했다.
(2)	인물이 한 일	②	우리말이 없어서 어려운 한자를 사용했기 때문에 백성들이 글을 몰라 억울한 일을 당하는 경우가 많았다.
(3)	인물의 가치관	③	세종대왕은 집현전 학자들과 오랜 시간을 연구한 끝에 훈민정음을 만들었다.

2

(1)	인물이 살았던 시대 상황	①	아프리카에 의사가 없어 사람들이 치료도 받지 못하고 병들어 죽는 일이 많았다.
(2)	인물이 한 일	②	슈바이처는 작은 생명도 소중히 여기며 가난한 사람들을 도와야 한다고 생각했다.
(3)	인물의 가치관	③	슈바이처는 안정적인 생활을 버리고 아프리카로 달려가 오랫동안 봉사를 했다.

정답 1 (1) ② (2) ③ (3) ① 2 (1) ① (2) ③ (3) ②

독립을 위해 온몸을 바친 윤봉길

1회독

인물이 한 일에 ○

인물의 생각을 알 수 있는 부분에 〰

시대 상황이 드러나는 부분에 [ ]

윤봉길은 일본이 우리나라의 **국권**°을 완전히 빼앗기 직전인 1908년 충청남도 예산에서 태어났다. 그가 자라던 당시, 우리나라는 일본의 **탄압**°으로 매우 힘든 시기를 보내고 있었다. 일본은 우리나라 사람들의 땅과 재산뿐 아니라, 말과 문화도 빼앗으려 했다. 강제로 일본어를 사용하도록 했으며, 일본 왕에게 충성을 맹세하도록 했다. 또한 일본 군인들은 총칼을 내세워 사람들을 공포로 다스렸다. 일본 경찰은 우리나라 사람들을 언제든 재판도 없이 가둘 수 있었다.

1919년 3월 1일, 일본의 악행을 참다못한 사람들이 거리로 뛰쳐나와 태극기를 흔들며 '대한 독립 만세!'를 외쳤다. 일본은 평화적인 만세 시위를 힘으로 짓누르려 했다. 당시 11살이었던 윤봉길은 총칼을 마구 휘두르던 일본 경찰들과 피를 흘리며 힘없이 쓰러지던 사람들을 보면서, ㉠우리나라의 독립을 위해 힘을 보태야겠다는 결심을 하였다.

1932년, 일본은 중국까지 빼앗겠다는 **야욕**°을 품고 상하이를 점령하였다. 청년이 된 윤봉길은 그곳에서 야채 장수로 일하면서, 틈틈이 일본군의 정보를 수집하며 기회를 엿보고 있었다.

그러던 중, 일본군이 일왕의 생일을 맞아 홍커우 공원에서 기념행사를 크게 연다는 소식이 전해졌다. 전 세계에 우리나라의 독립 의지를 보여 주기 위해 윤봉길은 그 행사에 일본인인 척 들어가 폭탄을 던질 계획을 세웠다. 대한민국 임시 정부의 **주석**°인 김구가 그를 돕기로 했다.

'내일 행사장에는 일본의 주요 **인사**°들이 모두 오겠지. ㉡아마 살아서 돌아오긴 힘들 것이다. 내 목숨은 이제 하루도 안 남았구나.'

거사°가 하루 앞으로 다가오니 두려움과 불안감이 몰려왔다. 오래전 떠나온 고향이 눈앞에 떠오르고, 부모님과 아내, 아들의 모습이 아른거렸다.

'독립에 조금이라도 도움이 된다면!'

이틀 전 큰 태극기를 벽에 걸고 했던 선서를 떠올렸다. 그러자 다시 마음이 차분히 가라앉고 뜨거운 용기가 되살아났다.

- **국권**(國 나라 국, 權 권세 권) 국가가 행사하는 권력.
- **탄압**(彈 탄알 탄, 壓 누를 압) 권력이나 무력 따위로 억지로 눌러 꼼짝 못 하게 함.
- **야욕**(野 들 야, 慾 욕심 욕) 자기 잇속만 채우려는 더러운 욕심.
- **주석**(主 주인 주, 席 자리 석) 일부 국가에서 국가나 정당 따위의 최고 직위. 또는 그 직위에 있는 사람.
- **인사**(人 사람 인, 士 선비 사) 사회적 지위가 높거나 사회적 활동이 많은 사람.
- **거사**(擧 들 거, 事 일 사) 큰 일을 일으킴.

나는 지극한 정성으로 조국의 독립과 자유를 회복하기 위해 한인 애국단의 일원이 되어 적국의 괴수들을 처단하기로 맹세합니다.

대한민국 14년(1932년) 4월 26일, 한인 애국단 앞
선서인 윤봉길

▲ 훙커우 공원 의거 전 선서 장면

마침내 1932년 4월 29일 아침이 밝았다. 전날 밤을 김구와 함께 보낸 윤봉길은 **의연한**° 모습으로 떠나야 할 시간을 기다렸다. 그의 손에는 거사를 위한 물병 모양의 폭탄과 잡혔을 때를 대비한 **자결**°용 도시락 폭탄이 들려 있었다.

"제 시계는 6원을 주고 산 것입니다. 이제 보니 선생님 시계는 2원짜리입니다. ⓒ저는 몇 시간밖에는 더 필요가 없을 것이니 제 시계와 바꾸시지요."

반드시 성공해서 살아 돌아오지 않겠다는 윤봉길의 다짐이 깃든 말이었다. 김구는 목멘 목소리로 대답했다.

"후일 지하에서 만납시다."

- **의연**(毅 굳셀 의, 然 불탈 연)**하다** 의지가 굳세어 끄떡없다.
- **자결**(自 스스로 자, 決 결정할 결) 의분을 참지 못하거나 지조를 지키기 위해 스스로 목숨을 끊음.

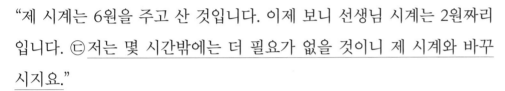

구조 읽기 빈칸에 알맞은 낱말을 써넣으며 내용을 정리해 보세요.

정답 및 해설 38쪽

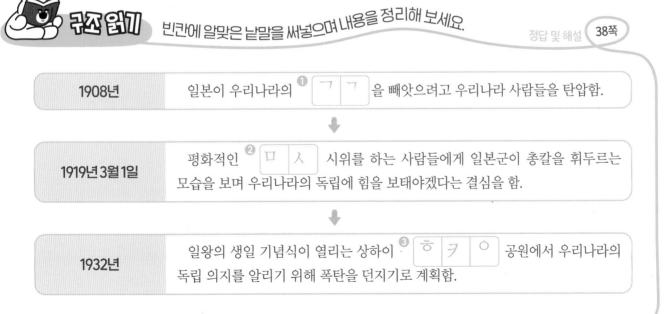

1908년	일본이 우리나라의 ❶ [ㄱ][ㄱ]을 빼앗으려고 우리나라 사람들을 탄압함.
↓	
1919년 3월 1일	평화적인 ❷ [ㅁ][ㅅ] 시위를 하는 사람들에게 일본군이 총칼을 휘두르는 모습을 보며 우리나라의 독립에 힘을 보태야겠다는 결심을 함.
↓	
1932년	일왕의 생일 기념식이 열리는 상하이 ❸ [ㅎ][ㅋ][ㅇ] 공원에서 우리나라의 독립 의지를 알리기 위해 폭탄을 던지기로 계획함.

2회독 빈칸을 채우지 못했다면 다시 꼼꼼히 읽어요!

꼼꼼한 이해

1 이 글을 읽고 알 수 있는 내용으로 알맞지 않은 것은 무엇인가요? ( )

① 3·1운동은 1919년에 일어났다.
② 1932년 일본은 상하이를 점령하였다.
③ 윤봉길은 1908년 충청남도 예산에서 태어났다.
④ 청년이 된 윤봉길은 일본에서 야채 장수로 일하였다.
⑤ 훙커우 공원 의거 당시 대한민국 임시 정부의 주석은 김구였다.

2 일이 일어난 차례대로 기호를 쓰세요.

㉮ 조국의 독립을 위해 희생하겠다는 애국단 선서를 함.
㉯ 거사를 꼭 성공시키겠다고 다짐하며 김구와 시계를 바꿈.
㉰ 3·1 운동 때 일본 경찰의 총칼에 쓰러지는 사람들을 보면서 독립운동을 하겠다고 결심함.

( ) ➡ ( ) ➡ ( )

개념의 적용

3 이 글을 읽고 알 수 있는 시대 상황으로 알맞지 않은 것은 무엇인가요? ( )

① 우리나라는 일본에 국권을 빼앗겼다.
② 일본은 우리의 땅과 재산을 빼앗았다.
③ 일본은 우리나라뿐 아니라 중국도 침략하였다.
④ 우리나라 사람들은 한글을 자유롭게 사용할 수 있었다.
⑤ 일본 경찰은 우리나라 사람들을 재판 없이 가둘 수 있었다.

4 ㉠~㉢에 담긴 윤봉길의 마음을 알맞게 짐작한 것에 모두 ○표 하세요.

(1) ㉠: 일본의 악행을 보며 분한 마음이 들었을 것이다. ( )
(2) ㉡: 가족을 다시는 못 볼 수도 있다는 생각에 두려웠을 것이다. ( )
(3) ㉢: 일을 마치고 무사히 돌아와서 시계를 돌려받을 생각이었을 것이다. ( )

생각과 판단

5 **윤봉길처럼 나라의 독립을 위해 희생한 사람에 ○표 하세요.**

(1) 라이트 형제는 수많은 실패 끝에 동력 비행기를 세계 최초로 띄우는 데 성공했다. (　　　　)

(2) 안중근 의사는 중국 하얼빈역에서 일본의 총리를 저격하여 우리나라의 독립 의지를 세계에 알렸다. (　　　　)

(3) 마틴 루서 킹은 미국의 뿌리 깊은 인종 차별주의에 반대하여 평등한 사회 건설에 평생을 바쳤다. (　　　　)

6 **다음 글을 읽고, 윤봉길이 한 행동이 갖는 의미를 바르게 이해한 친구의 이름을 쓰세요.**

> 거사는 성공이었다. 폭탄이 기념식 단상 위에 정확하게 떨어지며 일본의 주요 인사들이 죽거나 다쳤다. 현장에서 체포된 윤봉길은 일본 헌병들에게 끌려가면서도 목이 터지도록 '대한 독립 만세'를 외쳤다.

> 은서: 독립을 향한 우리 민족의 굳은 의지를 전 세계에 알렸을 거야.
> 소현: 대한민국 임시 정부가 많은 사람들에게 외면당하게 되었을 거야.
> 태현: 무모한 행동을 했다고 전 세계 사람들에게 비난을 받았을 거야.

(　　　　　　　　)

달곰한 생각 펼치기

인물이 한 일과 그 일을 한 까닭이 무엇인지 생각해 봐요.

7 **보기 중 두 가지 이상의 내용을 넣어 평소 관심 있었던 인물에 대한 글을 써 보세요.**

보기

- 인물이 살았던 시대 상황
- 인물이 한 일
- 인물에게 본받을 점

19 이야기의 흐름

개미
여름날, 개미들이 겨울을 대비해 식량을 모으는 동안 베짱이는 노래를 부르며 신나게 놀았어요.
겨울이 되자 베짱이는 먹을 것과 따뜻하게 지낼 곳이 없어서 힘들었지요.
춥고 배가 고팠던 베짱이는 개미들을 찾아가 먹을 것을 나눠 달라고 도움을 청하였어요.

개념 사전

이야기는 일정한 흐름에 따라 진행되며 이야기 속의 사건들은 원인과 결과로 연결되어요. 앞에서 어떤 사건이 벌어졌고, 그로 인해 또 어떤 사건이 일어났는지 살펴보며 읽으면 줄거리를 쉽게 파악할 수 있어요.

✦ **이야기의 흐름** 이야기가 진행되는 내용

✦ **이야기의 흐름을 파악하는 방법**

- 이야기에 나오는 인물과 일어난 일을 찾아보기
- 인물에게 일어난 중요한 일을 살펴보기
- 일어난 일을 차례대로 정리하기

짧은 글로
개념 확인

확인 문제를 풀어 보며 개념을 익혀요.

1~2 **다음 글을 읽고, 일이 일어난 차례대로 기호를 쓰세요.**

1

학교 가는 길에 다인이를 만났다. 어제 놀이터에서 다인이와 다툰 터라 눈이 마주쳤지만 모르는 체했다. 체육 시간이 끝나고 들어왔더니 목이 말랐다. 가방을 뒤졌는데, 물통이 없었다. 아쉬워하고 있는데, 다인이가 물통을 내밀며 "내 물 마셔."라고 했다. 나는 쑥스러웠지만 고맙게 물을 받아 마셨다. 학교가 끝나고 우린 평소처럼 손을 잡고 깔깔거리며 함께 집으로 돌아갔다.

㉮ 놀이터에서 다인이와 다퉜다.
㉯ 집에 갈 때 다인이와 손을 잡고 깔깔거리며 갔다.
㉰ 학교 가는 길에 다인이와 만났지만 인사를 하지 않았다.
㉱ 체육 시간이 끝나고 다인이가 자기 물을 마시게 해 주었다.

( ) ➡ ( ) ➡ ( ) ➡ ( )

2

어느 나라에 어떤 화살이나 창에 찔려도 다치지 않는 무적의 전사가 살았다. 적들은 그를 두려워했고, 그는 전쟁터에서 승승장구했다. 그가 그렇게 된 것은 어릴 때 마법사가 그의 몸에 마법의 기름을 부었기 때문이었다.

전사는 아름다운 여인과 사랑에 빠졌는데, 여인은 전사의 몸에 기름이 묻지 않은 약한 부위가 있다는 비밀을 알아냈다. 여인은 전쟁에 나가는 전사에게 멋진 옷을 선물했는데, 그 옷에는 전사의 약한 부위가 자수로 표시되어 있었다.

전사는 선물 받은 옷을 입고 전쟁터에 나가 싸웠다. 그러나 전사의 비밀을 안 적들이 자수로 표시된 부분에 독화살을 쏘아 전사는 죽고 말았다.

㉮ 전사는 전쟁터에서 승승장구했다.
㉯ 전사는 옷에 표시된 부분에 독화살을 맞고 죽고 말았다.
㉰ 아름다운 여인이 전사의 비밀을 알아낸 후 전사에게 옷을 선물했다.
㉱ 마법사가 전사의 몸에 마법의 기름을 부어 무적의 전사가 되었다.

( ) ➡ ( ) ➡ ( ) ➡ ( )

정답 1 ㉮, ㉰, ㉱, ㉯ 2 ㉱, ㉮, ㉰, ㉯

일기 감추는 날
글 황선미

일기 감추는 날

1회독
장면이 바뀌는 부분에 ○
중심 사건에 〰
'나'의 마음이 드러나는 부분에 [ ]

오늘도 큰 애들 세 명 속에 경수가 끼어 있다. 등을 보이고 있어서 다행스럽게도 나와 눈이 마주치지는 않았다.

울타리를 넘으려는 애들 가운데서 경수는 작은 편이다. 다른 애들은 5학년이나 6학년인데 경수는 겨우 3학년이니까. 하지만 우리 반에서는 가장 크고 싸움도 잘한다. 게다가 이제는 큰 애들처럼 아파트 경비원 몰래 콘크리트 울타리까지 넘는다.

"동민아, 너는 저런 짓 하지 마라."

엄마가 신호를 따라 **좌회전하면서**• 말했다.

나는 아무 말도 안 했다. 속으로만 중얼거렸다.

'나 같은 애는 흉내도 못 내요.'

괜히 한숨이 나왔다. 경수 때문이다.

지난 토요일, 문구점에 다녀오다가 경수를 보았다. 걔는 울타리를 넘고 있었다. 다리 하나를 걸치고 기어오른 뒤에 울타리 위에서 똑바로 서려고 했던 것 같다. 하지만 똑바로 서기도 전에 나랑 눈이 마주쳤고, 곧바로 중심을 잃었다. 그러더니 **곤두박질쳐**• 버렸다. 하필이면 덩굴장미 쪽으로 말이다.

나는 너무 놀라서 뒤도 안 돌아보고 왔다. 재수가 없었던 것이다. 그런 모습을 보게 되다니.

엄마가 혀를 차며 말했다.

"멀쩡한 길 두고 왜 저런 짓을 하는지 모르겠어. 애들이란!"

나는 이번에도 엄마 말을 듣기만 했다.

'형들처럼 경수도 잘 넘었을까?'

그랬으면 좋겠다. 그러면 마음이 편해질 것 같다. 내가 등을 떠다민 것도 아닌데 경수가 **고꾸라진**• 게 마음에 걸린다. 왜 하필 그때 그 자리에 내가 있었을까. <중략>

복도에서 나와 신발을 신으려는데 경수가 불쑥 다가왔다. 그리고 내 신발을 툭 차 버렸다.

나는 아무 말도 하지 않고 경수를 한번 보았다. 그리고 멀찌감치 **나동그**

- **좌회전**(左 왼 좌, 回 돌 회, 轉 구를 전)**하다** 차 따위가 왼쪽으로 돌다.
- **곤두박질치다** 몸이 뒤집혀 갑자기 세게 거꾸로 내리박히다.
- **고꾸라지다** 앞으로 고부라져 쓰러지다.

라진● 신발을 바라보았다.

화가 났지만 어떻게 할 수가 없었다.

“너지? 나 일러바친 놈.”

“내가 뭘…….”

경수가 바짝 다가섰다.

나는 복도 문에 등이 닿아서 뒤로 물러서지도 못했다.

“내가 울타리 넘는다고 일기에 썼지? 아니면 선생님이 내가 다친 걸 어떻게 알아? 분명히 네 짓이야!”

“나, 난 그런 거 안 썼어.”

“어디 봐. 보여 줘 봐!”

경수가 식식대며 노려보았다. 나는 얼굴이 뜨거워지는 걸 느끼며 가만히 있었다. 일기장을 꺼내서 보여 주면 될 텐데 어쩐지 그러기가 싫었다. 그런데 그때였다. 수연이가 복도로 나오며 **쌀쌀맞은**● 소리로 말했다.

㉠ “너희들 뭐 해? 선생님이 다 보셨어.”

경수가 당장 물러났다. 그리고 한 방 먹이는 **시늉**●을 하더니 퉁명스레 말했다.

“나중에 보자!”

몸이 부르르 떨렸다. 경수가 잽싸게 가 버리고 수연이도 신발을 신자마자 가 버렸다.

나는 맨발로 걸어가서 나동그라져 있는 신발을 신었다. 그리고 복도를 보았다. 거기에 선생님은 없었다.

- **나동그라지다** 아무렇게나 내팽개쳐지다.
- **쌀쌀맞다** 성격이나 행동이 따뜻한 정이나 붙임성이 없이 차갑다.
- **시늉** 어떤 모양이나 움직임을 흉내 내어 꾸미는 짓.

구조 읽기

빈칸에 알맞은 낱말을 써넣으며 내용을 정리해 보세요.

정답 및 해설 40쪽

엄마 차 안	문구점에 다녀오는 길(과거)	학교 복도
경수가 ❶ [ㅇ][ㅌ][ㄹ]를 넘는 아이들 속에 끼어 있는 것을 봄.	울타리를 넘던 경수가 중심을 잃고 곤두박질치는 모습을 봄.	경수가 ❷ [ㅇ][ㄱ]에 자기가 울타리를 넘는다고 썼는지 다그침.

2회독 빈칸을 채우지 못했다면 다시 **꼼꼼히** 읽어요!

꼼꼼한 이해

1 경수에 대한 설명으로 알맞은 것에 ○표 하세요.

(1) 울타리를 넘다가 다쳤다. (   )
(2) 우리 반 아이들 중에 몸집은 작지만 싸움은 잘한다. (   )
(3) 울타리를 넘으려는 애들 가운데서 몸집이 큰 편이다. (   )

2 동민이가 한 일로 알맞은 것은 무엇인가요? (   )

① 경수가 울타리를 넘는 것을 보았다.
② 일기장을 꺼내 경수에게 보여 주었다.
③ 선생님이 다 보셨다고 경수에게 말했다.
④ 경수가 울타리를 넘다 다쳤다고 일기장에 썼다.
⑤ 경수의 등을 떠밀어서 경수가 울타리 위에서 고꾸라지게 했다.

개념의 적용

3 경수가 동민이를 의심한 까닭으로 알맞은 것에 ○표 하세요.

(1) 우리 반에서 일기를 쓰는 사람은 동민이뿐이어서 (   )
(2) 자신이 울타리를 넘다 넘어진 것을 본 사람이 동민이어서 (   )
(3) 선생님이 자신을 부르기 전에 동민이 일기를 읽고 계신 것을 보아서 (   )

4 일이 일어난 차례대로 기호를 쓰세요.

㉮ 선생님이 다 보셨다는 수연이의 말에 경수가 나중에 보자며 물러남.
㉯ 경수가 자신이 울타리를 넘은 일을 동민이가 일기에 썼다고 의심함.
㉰ 울타리를 넘는 경수와 동민이의 눈이 마주쳤는데, 경수가 중심을 잃고 곤두박질침.
㉱ 동민이가 엄마 차를 타고 가다가 큰 애들 세 명 속에 낀 경수가 울타리를 넘는 모습을 봄.

(   ) → (   ) → (   ) → (   )

생각과 판단

5 수연이가 ㉠과 같이 말한 까닭을 바르게 짐작한 친구의 이름을 쓰세요.

도은: 동민이를 경수의 위협에서 구해 주려고 일부러 그렇게 말한 것 같아.
채이: 선생님이 경수를 지켜보고 계셔서 친구들이 혼날까 봐 사실대로 알려 준 것 같아.
준영: 경수와 동민이가 함께 이야기하는 모습이 마음에 들지 않아서 둘의 사이를 갈라놓으려고 그렇게 말한 것 같아.

( )

6 이 글의 뒷부분에 이어지는 다음 이야기를 읽고, 동민이에 대해 바르게 판단한 것에 ○표 하세요.

나중에 보자!
나는 말이 돌처럼 무거울 수도 있다는 걸 처음 알았다. 말은 공기처럼 보이지도 않고 무게도 없지만 마음을 무겁게 만들 수가 있다. 경수의 말 때문에 나는 입맛도 떨어지고 학교 가기도 걱정스러웠다.

(1) 동민이는 크고 힘도 센 경수를 두려워한다. ( )
(2) 동민이는 고학년들과 어울리는 경수를 일부러 무시한다. ( )
(3) 불의를 보면 참지 못하는 동민이는 규칙을 어기는 경수를 얕잡아 본다. ( )

달곰한 생각 펼치기

내 생각을 정한 후에 그렇게 생각한 까닭을 넣어 글을 써 보세요.

7 다음 문제에 대한 자신의 생각과 그 까닭을 써 보세요.

선생님께서 보시는 일기장에 친구의 잘못을 써도 될까?

20 답사 보고서의 특징

개념 사전

답사 보고서는 현장에 가서 직접 보고 조사한 내용과 알게 된 점을 쓴 글이에요. 답사 보고서를 읽을 때는 답사 목적이 무엇인지 살핀 후, 답사 내용을 정리하며 읽으면 좋아요.

- **답사** 현장에 가서 직접 보고 조사함.
- **답사 보고서** 일정한 주제를 정한 뒤, 현장에 가서 직접 보고 조사한 내용과 알게 된 점, 느낀 점을 쓴 글
- **답사 보고서에 들어가는 내용** 답사 목적, 답사 장소, 답사 내용, 새롭게 알게 된 점, 느낀 점 등

짧은 글로 **개념 확인** 확인 문제를 풀어 보며 개념을 익혀요.

1~2 **답사 보고서의 일부를 읽고, 답사 보고서의 내용 중 무엇에 해당하는지 알맞은 것을 찾아 선으로 이으세요.**

1

(1) 누나와 배봉산에서 자라고 있는 나무와 식물을 조사하고 사진을 찍기로 했다. •

(2) 여름 방학 과제로 우리 마을 생태 지도를 만들기 위해 마을 뒷산인 배봉산에 오르기로 했다. •

(3) 배봉산에는 상수리나무와 갈참나무 등 도토리를 얻을 수 있는 나무가 많이 자라고 있었다. •

• ① 답사 목적

• ② 답사 계획

• ③ 답사 내용

2

(1) 현장 학습으로 놀이동산에 가는데, 가서 재미있게 놀기 위해 미리 답사를 가기로 했다. •

(2) 가장 인기 있는 놀이기구와 빠른 이동 방법, 점심 식사 종류와 가격 등을 조사하기로 했다. •

(3) 바이킹, 청룡 열차, 디스코 팡팡이 가장 인기 있었으며, 출구에서 가까운 순으로 디스코 팡팡, 바이킹, 청룡 열차를 타는 것이 좋아 보였다. •

• ① 답사 목적

• ② 답사 계획

• ③ 답사 내용

정답 1 (1)② (2)① (3)③ 2 (1)① (2)② (3)③

조선과 대한 제국의 역사가 깃든 덕수궁

1회독
답사한 장소에 ○
답사 목적에 〰
답사하며 알게 된 내용에 [ ]

사회 시간에 우리 지역의 문화유산을 조사하여 발표하기로 하였다. 나와 친구들은 지하철을 타고 한 번에 갈 수 있는 덕수궁을 답사하기로 했다. 우리는 덕수궁은 무엇을 하던 곳이며, 어떤 건물들이 있는지, 어떤 역사를 갖고 있는지 알아보기로 했다.

지하철 시청역에서 내려 출구를 나오자마자 대한문이 보였다. 대한문은 덕수궁의 정문으로 19세기 말에 지어졌다고 한다. 마침 대한문 앞에서는 **수문장**• 교대식이 한창이었다. 조선 시대의 수문장 복장을 한 사람들이 깃발과 창을 들고 교대식을 하는 모습이 웅장하고 멋있었다.

대한문을 통과해 들어가자 한복을 입은 해설사 선생님께서 덕수궁의 전반적인 역사를 설명해 주셨다. 덕수궁은 원래 궁궐이 아니라, 조선 9대 임금인 성종의 형이 살던 집이었다고 한다. 임진왜란 때 궁궐이 모두 불타자 선조 임금이 이곳을 임시 궁궐로 사용했다. 광해군 때 '경운궁'으로 불리다 대한 제국 때 고종이 머무르면서 고종의 장수를 기원한다는 뜻의 '덕수궁'이라는 이름을 얻고 궁궐다운 모습을 갖추게 되었다고 한다.

제일 먼저 중화전을 둘러보았다. 중화전은 덕수궁의 중심이 되는 건물로, 왕의 **즉위식**•을 열거나 외국 **사신**•을 맞이하는 등 중요한 국가 행사

▲ 대한문

▲ 중화전

▲ 석어당

▲ 석조전

- **수문장**(守 지킬 수, 門 문 문, 將 장수 장) 각 궁궐이나 성의 문을 지키던 무관 벼슬.
- **즉위식**(卽 곧 즉, 位 자리 위, 式 법 식) 임금 자리에 오르는 것을 백성과 조상에게 알리기 위하여 치르는 의식.
- **사신**(使 부릴 사, 臣 신하 신) 임금이나 국가의 명령을 받고 외국에 사절로 가는 신하.

를 치르던 곳이었다. 중화전 안에는 임금이 앉으시던 용상과 병풍인 일월오봉도 등이 전시되어 있었다. 용상에 한번 앉아 보고 싶었지만 문화재 보호를 위해 출입을 금지하고 있어서 발길을 돌렸다.

중화전 옆에는 석어당이 있었다. 조선 시대 궁궐 건물 중 유일한 2층 건물로, 아름다운 나무색을 그대로 지닌 소박한 목조 건물이었다. **단청**°을 하지 않은 수수한 모습이 개성 있어 보였다.

덕수궁에서 가장 눈에 띄는 건물은 석조전이었다. 석조전은 대한 제국 시대에 지어진 서양식 건물로, 고종 황제가 외국 사신을 맞이하거나 잔치를 베풀던 곳이다. 또한 황제가 업무를 보던 공간과 황제와 황후의 생활 공간도 있었다. 석조전 내부는 무척 화려하고 아름다워서 마치 유럽의 왕궁에 온 듯한 느낌이 들었다. 고종은 석조전을 통해 대한 제국의 **부흥**°을 꿈꿨지만 ㉠일제 강점기 때 미술관으로 사용되며 **치욕**°의 대상이 되었다고 한다.

답사를 통해 덕수궁은 조선 말기, 대한 제국 때에 궁궐의 지위를 갖추게 되었으며, 대한 제국 시기에 크고 작은 사건이 일어난 역사적 무대였음을 알게 되었다. 조선과 대한 제국의 역사가 살아 숨 쉬는 덕수궁은 전통 목조 건물과 서양식의 건축이 함께 어우러져 독특한 아름다움을 뿜어 내는 멋진 곳이었다.

- **단청**(丹 붉을 단, 靑 푸를 청) 옛날식 집의 벽, 기둥, 천장 따위에 여러 가지 빛깔로 그림이나 무늬를 그림. 또는 그 그림이나 무늬.
- **부흥**(復 다시 부, 興 일어날 흥) 쇠퇴하였던 것이 다시 일어남. 또는 그렇게 되게 함.
- **치욕**(恥 부끄러워할 치, 辱 욕될 욕) 부끄러움과 욕됨.

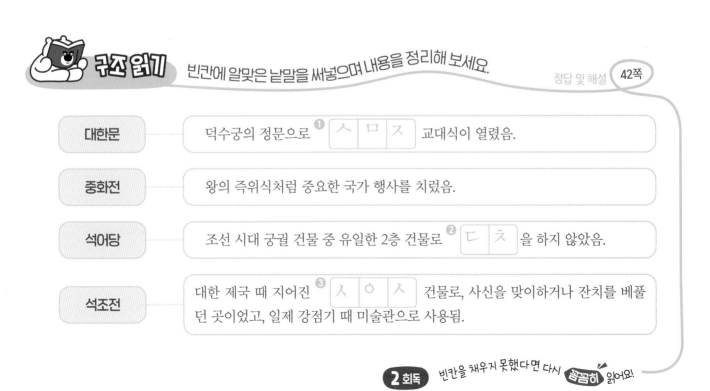

구조 읽기 빈칸에 알맞은 낱말을 써넣으며 내용을 정리해 보세요.

정답 및 해설 42쪽

대한문	덕수궁의 정문으로 ❶ [ㅅ ㅁ ㅈ] 교대식이 열렸음.
중화전	왕의 즉위식처럼 중요한 국가 행사를 치렀음.
석어당	조선 시대 궁궐 건물 중 유일한 2층 건물로 ❷ [ㄷ ㅊ] 을 하지 않았음.
석조전	대한 제국 때 지어진 ❸ [ㅅ ㅇ ㅅ] 건물로, 사신을 맞이하거나 잔치를 베풀던 곳이었고, 일제 강점기 때 미술관으로 사용됨.

2회독 빈칸을 채우지 못했다면 다시 꼼꼼히 읽어요!

꼼꼼한 이해

1 덕수궁의 역사를 일어난 순서에 따라 기호로 쓰세요.

㉮ 광해군 때 경운궁으로 불렸다.
㉯ 조선 9대 임금인 성종의 형이 살았다.
㉰ 고종의 장수를 기원한다는 뜻의 '덕수궁'이라는 이름을 얻었다.
㉱ 임진왜란 때 궁궐이 모두 불타자 선조 임금이 임시 궁궐로 사용했다.

( ) ➡ ( ) ➡ ( ) ➡ ( )

2 다음 설명에 해당하는 건물을 찾아 선으로 이으세요.

(1) 덕수궁의 중심이 되는 건물로 왕의 즉위식 등 중요한 국가 행사를 치렀다. •　　• ① 석조전

(2) 조선 시대 궁궐 건물 중 유일한 2층 건물로 단청을 하지 않았다. •　　• ② 석어당

(3) 대한 제국 시대에 지어진 서양식 건물로 외국 사신을 맞이하거나 잔치를 베풀었다. •　　• ③ 중화전

개념의 적용

3 글쓴이의 답사 목적과 답사 계획을 정리하여 빈칸에 알맞은 말을 쓰세요.

(1) 답사 목적	사회 시간에 우리 지역의 ( )을 조사하여 발표하기 위해
(2) 답사 계획	( )은 무엇을 하던 곳인지, 어떤 건물들이 있으며, 어떤 역사를 갖고 있는지 알아보기로 함.

4 글쓴이가 답사한 내용이 아닌 것에 ×표 하세요.

(1) 대한문 앞에서 수문장 교대식을 보았다. ( )
(2) 중화전에 들어가 용상에 한번 앉아 보았다. ( )
(3) 한복을 입은 해설사 선생님께 덕수궁의 전반적인 역사를 들었다. ( )

생각과 판단

5 ㉠의 까닭을 바르게 짐작한 것에 ○표 하세요.

(1) 우아하거나 아름다운 것과는 거리가 먼 건물을 미술관으로 사용하여 사람들의 비웃음을 샀을 것이다. (　　　　)

(2) 대한 제국의 황제가 업무를 보는 집무실이자 생활하던 공간을 미술관으로 개방한 것이 우리 황실에는 무척 수치스러운 일이었을 것이다. (　　　　)

6 **보기**를 읽고 이 글과 관련해 느낀 점을 알맞게 말한 친구의 이름을 쓰세요.

보기

1905년 11월, 덕수궁의 건물 중 하나인 중명전에서 일본이 한국의 외교권을 빼앗는 을사늑약이 강제로 체결되었다.

제형: 덕수궁은 대한 제국 때에 궁궐의 지위를 갖추게 된 것이 사실이구나!

선화: 덕수궁은 조선과 일본이 함께 어우러졌던 멋진 공간이었다고 말할 수 있구나!

주완: 덕수궁은 대한 제국 시기에 가슴 아픈 사건들이 일어났던 역사적 무대이구나!

(　　　　　　　　)

달콤한 생각 펼치기

답사하고 싶은 장소와 답사하고 싶은 까닭을 떠올려 보세요.

7 내가 답사하고 싶은 곳에 대해 써 보세요.

답사 목적		
답사 계획	답사 장소	
	답사 방법	

사진 출처

국가유산청	www.khs.go.kr
국립중앙박물관	www.museum.go.kr
서울특별시 농업기술센터	agro.seoul.go.kr
셔터스톡	www.shutterstock.com/ko
연합뉴스	www.yna.co.kr
한국민족문화대백과사전	encykorea.aks.ac.kr
한국방송광고진흥공사	www.kobaco.co.kr

초등 국어 교과에서 뽑은

단계별 개념

달곰한 문해력 기본서

1단계	3단계 A
소리 내어 시 읽기	시의 생생한 표현(1)
받침 있는 글자와 받침 없는 글자	문단의 이해
낱말과 문장	문장의 짜임
설명하는 대상	시의 생생한 표현(2)
겪은 일을 쓴 글	편지의 형식
시의 재미있는 부분	이야기에 나타난 감각적 표현
문장 부호	글의 내용 전개 방식-나열
상황에 어울리는 낱말	문장의 종류
인물의 모습과 행동	이야기의 사건
재미있게 읽은 책 소개하기	관찰 기록문의 형식
이야기의 재미있는 부분	시의 행과 연
상황에 맞는 높임 표현	설명하는 대상
내용에 알맞은 제목	책을 읽는 방법
이야기에서 일어난 일	인물의 성격
상황에 맞는 인사말	포스터를 읽는 방법
시에서 떠오르는 장면	이야기의 허구성
글 속의 흉내 내는 말	사실과 의견
감정을 나타내는 표현	매체 읽기 방법
설명하는 글의 중심 내용	문제점과 해결 방안
우화와 교훈	요약하며 읽는 방법

2단계	3단계 B
반복되는 말과 리듬감	시의 감각적 표현과 그 효과
설명하는 글의 특징	글의 중심 생각
소리가 비슷한 낱말	낱말의 동형이의어 관계
인물이 처한 상황과 마음	이야기의 감각적 표현과 그 효과
소개하는 글의 특징	생활문의 특징
시의 글감	시적 허용
정보를 전달하는 글을 읽는 이유	배경지식 활용하여 읽기
글자와 다르게 소리 나는 낱말	글 속의 지시·접속 표현
이야기의 글감	사건과 복선
제목에서 알 수 있는 내용	안내문의 특징
시 속 인물의 마음	시 속의 세계
편지의 내용	글의 내용 전개 방식-차례
혼동하기 쉬운 낱말	글 속의 높임 표현
마음을 나타내는 말	옛이야기의 교훈
읽기 후 활동	독서 감상문의 특징
일이 일어난 차례	이야기에서 쓰인 의인법
설명서의 특징	의견과 이유
꾸며 주는 말	기행문의 구성
매체의 특성	의견을 뒷받침하는 자료
안내문의 특징	보고하는 글의 목적

2022 개정 교육과정에서 배우는
국어 교과 개념 200개를 다루었어요.

3회독 학습법

한번에 읽기

꼼꼼히 읽기

주도적 읽기

달달 읽고 곰곰 생각하는

달곰한 문해력 기본서

3~4학년 추천

초등 4단계 B

정답 및 해설

NE 능률

달달 읽고 곰곰 생각하는

달곰한 문해력 기본서

3~4학년 추천

초등 4단계 B

정답 및 해설

정답 활용법

지문을 다시 한 번 꼼꼼하게 읽어 보아요. 자신만의 읽기 방법이 만들어질 거예요.

나의 읽기 방법은!
글을 읽는 방법에 따라 잘 읽었는지 확인해 보세요.

문해력의 기본은 어휘!
새로운 지문을 만날 때마다 새로운 어휘도 익혀 보세요.

잘 요약했나요?
글의 구조를 파악하며 잘 요약했는지 확인해 보세요.

01 시의 감상

- 시의 상황이 나타난 부분에 ○
- 반복되는 말에 〰
- 시의 주제가 드러난 부분에 [ ]

✦ 새로 알게 된 낱말이나 어려운 낱말을 써 보세요.

3회독 ✦ 내가 표시한 내용과 예시 답을 비교하며 읽어 보세요.

넘어 선, 안 될 선

1연
(넘어오지 마 이 선
시의 상황이 나타난 부분 - 짝과의 갈등 상황이 드러남.
넘어오면 다 내 꺼)
반복되는 말 - 운율이 느껴짐. 말의 재미를 살림.
샤프 볼펜 지우개 수첩
하나라도 넘어오면 다 내 꺼

▶ 짝이 책상에 선을 긋고 넘어오지 말라고 선언함.

2연
왜 이렇게 야박해
뭣 땜에 날 미워해
화난 게 있으면 얘기해 내게
꼬인 우리 사이 다 풀어 줄게

▶ 짝에게 화해를 제안했으나 받아들여지지 않음.

3연
다 필요 없고 알 거 없고
너란 애는 지겨워 제발 저리 고고
어? 샤프가 넘어왔네 내 꺼
지우개가 넘어왔네 내 꺼

▶ 짝이 선을 넘은 물건들을 가져감.

4연
잠깐만 아니 잠깐만
샤프 볼펜 수첩 다 줄게
부탁이야 돌려줘 지우개
우리 사이 가른 선 지우게

▶ 짝에게 선을 지울 지우개만은 돌려 달라고 함.

5연
넘어가고 싶어
돌아가고 싶어
모든 걸 다 잊고
즐거웠던 때로

▶ 짝과 다투기 이전의 즐거웠던 때로 돌아가고 싶음.

6연
[넘어가고 있어
돌아가고 있어
눈부신 오후 햇살
행복했던 때로]
시의 주제가 드러난 부분 - 화해가 시작됨.

▶ 짝과의 관계가 회복되기를 바람.

구조 읽기

❶ 선 ❷ 지우개 ❸ 짝

문제 풀이가 아니라 문해력을 향상시키는 가이드입니다.

빠른 정답 확인

14~15쪽

1 ④ **2** ④ **3** ④ **4** 강율 **5** ① **6** (1) ○
7 **예시 답안** 참고

꼼꼼한 이해

시의 상황 파악하기

1 말하는 이가 화난 게 있으면 얘기해 달라고 했지만 짝은 알 거 없다며 그 까닭을 알려 주지 않고 있다.

문해력의 어떤 과정을 묻는 문제였는지 확인해 보세요.

말하는 이의 마음 파악하기

2 말하는 이가 짝이 그은 선을 지울 수 있게 지우개를 돌려 달라고 하는 것에서 짝과 화해하고 싶은 말하는 이의 마음이 나타난다.

개념의 적용

반복되는 말 파악하기

3 5연과 6연은 '넘어가고 싶어 — 넘어가고 있어', '돌아가고 싶어 — 돌아가고 있어', '즐거웠던 때로 — 행복했던 때로'와 같이 두 연이 같은 형식을 보이고 있다. 이와 같이 반복되는 말을 사용하면 시를 읽을 때 리듬감을 주고 말하고자 하는 내용을 강조할 수 있는데, 이 시에서는 짝과 화해하기를 바라는 말하는 이의 마음이 강조되고 있다.

글을 바르게 이해하고 생각을 펼치기 위해서 어떻게 글을 읽어야 하는지 알려 주는 도움말

경험과 연관 지어 감상하기

4 이 시에서는 화가 난 짝이 책상에 선을 긋고 넘어오지 말라고 한 상황에서 말하는 이가 짝과 화해하고 다시 예전의 행복했던 때로 돌아가고 싶은 바람을 표현하고 있다. 이러한 시적 상황을 자신의 경험을 떠올려 이해한 친구는 친구와 싸우고 슬펐던 일을 떠올린 강율이다.

예나: 친구와 재미있었던 경험을 떠올리고 있다.
수아: 학교에 지각할까 봐 걱정했던 경험을 떠올리고 있다.

생각과 판단

제목의 의미 추론하기

5 제목 '넘어 선, 안 될 선'에서 '선'은 두 친구의 갈등을 뜻한다. '넘어선'이 알맞은 표현인데, '넘어 선'으로 바꾸어 표현함으로써 오히려 '선을 넘으라'는 뜻으로 읽힌다. 이는 친구와 관계가 회복될 것이라는 이 시의 결말과 관련이 있다고 해석할 수 있다.

② 말하는 이는 선을 넘어 친구와 화해하고 싶어 한다.
③ 이 시의 제목을 통해 읽는 사람에게 띄어쓰기에 관심을 갖게 하려는 의도는 찾기 힘들다.

글을 읽고 문제를 풀면서 어떤 점을 잘못 짚었는지 알려 주는 도움말

시구의 의미 추론하기

6 ㉮ '눈부신 오후 햇살'은 말하는 이의 짝이 화나기 전, 즉 두 친구가 행복했던 때를 표현한 것이다.

달곰한 생각 펼치기

7 **예시 답안** 이 시를 읽고 친구와 다툰 후 친구와의 사이에 보이지 않는 선이 그어져 있는 것 같아 괴로웠던 경험이 떠올랐다. 친구에게 먼저 다가가고 싶었지만 용기가 나지 않았는데 친구가 해 준 사과의 말이 우리 사이의 '선'을 지우는 '지우개'가 되었다. 용기를 낸 친구가 참 고마웠다.

자신의 생각과 비교해 볼 수 있고 생각을 확장시킬 수 있는 예시 답안

😆	시적 상황과 비슷한 자신의 경험을 시의 주제와 관련지어 표현했습니다.
🙂	자신의 경험을 시의 일부 내용과 관련지어 표현했습니다.
🙁	자신의 경험을 시의 내용과 관련지어 표현하지 못했습니다.

어떤 기준으로 생각을 펼쳐 글을 쓰는 것이 좋은지 알려 주는 채점 기준

02 낱말들의 관계 - 유의어와 반의어

설명하려는 대상에 ○
유의어에 〰
반의어에 [ ]

✦ 새로 알게 된 낱말이나 어려운 낱말을 써 보세요.

3 회독 ✦ 내가 표시한 내용과 예시 답을 비교하며 읽어 보세요.

소비자를 속이는 기업의 꼼수

"어휴, 물가가 너무 올라서 장 보기가 무섭네."

하소연하는 어른들의 말을 들어 본 적이 있나요? 마트에서 1,000원 하던 과자가 1,200원으로 가격이 오른다면 같은 과자를 사기 위해 200원을 더 지불해야 합니다. 수입은 그대로인데, 물가가 꾸준히 올라간다면 사람들은 생활이 어려워져서 이전처럼 물건을 사지 않을 거예요. 소비가 줄어든다면, 기업들의 이익도 [줄어듭니다.] 이와 같은 상황에서 일부 기업은 이익을 [늘리려고] (소비자의 눈을 속이기 위한 꼼수)를 사용하기도 합니다.

(유의어: 값 / 구입하다 / 반의어: 늘어나다 / 설명하려는 대상)

▶ 물가가 오르면 기업은 꼼수를 사용하기도 합니다.

첫 번째 방법은 물건의 가격은 그대로 두면서 상품의 크기나 용량을 줄이는 것입니다. 한 봉지에 210g씩 들어 있던 과자의 양을 190g으로 줄이거나, 350ml였던 음료수 캔의 크기를 330ml로 줄이는 것입니다. 소비자 입장에서는 같은 돈을 내고 더 적은 양의 제품을 구입하게 되니 사실상 가격이 오른 것과 마찬가지입니다.

(제품 / 양)

▶ 꼼수 ① 물건의 가격은 그대로 두고 상품의 크기나 용량 줄이기

두 번째 방법은 가격과 상품의 용량은 그대로 두면서 상품의 질을 떨어뜨리는 것입니다. 이는 첫 번째 방법보다 더 교묘합니다. 예를 들어 사용하던 원료를 국산에서 값이 싼 외국산으로 대체하거나, 과일 주스의 과즙 함량을 100%에서 80%로 줄입니다. 또 음식점에서는 튀김 기름으로 100% 올리브 오일을 사용하다가 저렴한 기름을 섞어 사용하기도 합니다. 소비자들은 같은 값을 지불하고 질적으로 하락한 제품을 사게 됩니다.

▶ 꼼수 ② 물건의 가격과 용량은 그대로 두고 상품의 질 떨어뜨리기

기업들은 인건비, 원료 등의 가격이 오르는 상황에서 수익을 내기 위한 어쩔 수 없는 선택이라고 말합니다. 하지만 피해는 고스란히 소비자의 몫입니다. 가격표만 보고 물건을 고르는 소비자들은 상품의 용량이 줄어든 것이나 상품의 질이 하락한 것을 알아채기가 어렵기 때문입니다. 이러한 행태는 기업에 대한 소비자의 불만과 [불신]을 키우고, 제품의 경쟁력과 기업의 이미지를 손상시킬 수 있습니다.

(신뢰)

▶ 기업의 꼼수는 소비자와의 신뢰 관계를 손상시킵니다.

그러므로 기업은 소비자와의 [신뢰] 관계를 지키기 위해서 제품의 품질을 낮추지 않고 비용을 줄일 수 있는 방법을 찾아야 합니다. 원래 사용하던 원료와 품질은 같지만 가격은 저렴한 대체 재료를 개발하는 것처럼 말입니다. 또한 기업들의 꼼수를 막을 수 있는 정부 차원의 실질적인 대책도 필요합니다. 최근 정부는 기업이 제품의 용량 등 중요 사항을 변경하는 경우 3개월간 소비자에게 알리도록 하는 규정을 만들었습니다. 조금 늦었지만 소비자들을 보호할 수 있는 장치가 마련된 것입니다. 이런 법적 제도 외에도 소비자들이 기업들의 꼼수 앞에 눈 뜨고 코 베이지 않기 위해서 현명하게 소비하는 태도를 갖추는 것이 무엇보다 중요할 것입니다.

(마련하다)

▶ 기업의 노력, 정부의 대책, 소비자들의 현명한 태도가 필요합니다.

구조 읽기

① 이익 ② 용량 ③ 대책

20~21쪽

1 (3) ○ 2 ④ 3 ⑤ 4 신뢰, 불신 5 (1) ㉮, ㉱ (2) ㉯, ㉰
6 ㉰ 7 예시 답안 참고

꼼꼼한 이해

중심 내용 파악하기

1 기업은 물가가 올라 소비가 위축되는 상황에서 이익을 늘리기 위해 가격을 올리는 대신 꼼수를 사용한다고 하였다.

세부 내용 파악하기

2 기업은 물건의 가격을 올리는 대신 상품의 질을 떨어뜨리는 꼼수를 사용하기도 한다.

① 소비자를 속이는 기업의 꼼수는 교묘하여 소비자들이 알아채기 어렵다.
② 수입은 그대로인데 물가가 계속 오른다면 사람들의 생활이 어려워져 이전보다 소비가 위축된다.
③ 물가가 올라 소비가 줄어들면 기업들의 이익도 줄어든다.
⑤ 최근 정부는 기업이 제품의 용량 등 중요 사항을 변경하는 경우 3개월간 소비자에게 알리도록 하는 규정을 만들었다.

개념의 적용

유의어와 반의어 파악하기

3 '줄다'는 '수나 분량이 본디보다 적어지거나 무게가 덜 나가게 되다.', '늘다'는 '수나 분량 따위가 본디보다 많아지거나 무게가 더 나가게 되다.'라는 뜻으로 서로 반의 관계에 있다. 나머지는 모두 유의 관계에 있는 낱말들이다.

반의어를 사용해 글의 내용 정리하기

4 기업의 꼼수는 소비자와의 신뢰 관계를 깨뜨리고 소비자의 불신을 증가시키므로 기업은 제품의 품질을 낮추지 않고 비용을 절감할 수 있는 방법을 찾아야 한다고 말하고 있다. '신뢰'는 '굳게 믿고 의지함.'을, '불신'은 '믿지 아니함. 또는 믿지 못함.'을 뜻하는 말로 반의 관계이다.

생각과 판단

구체적 사례에 적용하기

5 ㉠은 물건의 가격은 그대로 두고 상품의 크기나 용량을 줄이는 것으로 ㉮와 ㉱가 사례에 해당한다. ㉡은 상품의 가격과 용량은 그대로 두고 상품의 질을 떨어뜨리는 것으로 ㉯와 ㉰가 사례에 해당한다.

글의 의도 추론하기

6 글쓴이는 기업이 이익을 위해 꼼수를 사용하기보다 ㉰와 같이 기존의 원료와 품질은 같으면서 가격은 저렴한 대체 재료를 개발하여 제품의 품질을 낮추지 않고 비용을 줄이는 방법을 찾아야 한다고 주장한다.

달곰한 생각 펼치기 ...

7 **예시 답안** 소비자들은 상품을 구매하기 전에 상품의 가격뿐 아니라 가격 대비 용량이 얼마인지 여러 기업의 물건값을 비교하고, 상품에 쓰인 원료나 원재료의 원산지가 어디인지 확인하는 등 현명하게 소비하는 태도가 필요하다. 소비자가 이러한 소비 태도를 갖추면 기업들이 함부로 꼼수를 사용하지 못할 것이다.

😆	기업들의 꼼수를 막기 위한 소비자의 현명한 소비 태도를 구체적인 사례를 들어 썼습니다.
🙂	기업들의 꼼수를 막기 위해 소비자가 현명한 소비 태도를 갖춰야 한다고 막연하게 썼습니다.
🙁	기업들의 꼼수 문제를 해결하는 것과 관계없는 글을 썼습니다.

03 문단의 중심 내용

중심 글감에 ○
문단의 중심 문장에 〰
글의 주제와 관련 있는 내용에 [ ]

✦ 새로 알게 된 낱말이나 어려운 낱말을 써 보세요.

3회독 ✦ 내가 표시한 내용과 예시 답을 비교하며 읽어 보세요.

식물이 아프면 어떻게 할까요?

1 나만의 화분을 길러 본 경험이 있나요? 내가 심은 씨앗에 이름을 붙여 주고 날마다 물을 주면서 조금씩 자라나는 모습을 보면, 가족 같은 정이 느껴지기도 하죠. 이렇게 정서적으로 교감하며 애정을 가지고 키우는 식물을 반려 식물이라고 해요. 그런데 나의 소중한 반려 식물에 진딧물이 생기면 어떻게 해야 할까요? 식물도 아프면 병원에 찾아가 치료를 받을 수 있어요. 그곳이 바로 (반려 식물 병원)이랍니다.

(문단의 중심 문장 / 중심 글감)

▶ 반려 식물이 아프면 반려 식물 병원에서 치료를 받을 수 있어요.

2 [반려 식물 병원은 최근 반려 식물을 키우는 인구가 많아지고, 식물 관리의 중요성이 부각되면서 등장한 식물 전문 의료 시설이에요.] 2020년 코로나19 바이러스가 유행했을 때, 집에서 보내는 시간이 늘어나면서 반려 식물을 찾는 수요가 증가했어요. 야외 활동을 하지 못해 답답했던 사람들이 집 안에서 자연을 느끼고 싶었기 때문이죠. 이렇게 반려 식물을 기르는 사람들이 늘어나자 반려 식물이 병이 들면 진료를 받을 곳이 필요해졌어요.

(글의 주제와 관련된 내용 - 반려 식물 병원의 뜻)

▶ 반려 식물 병원은 식물 전문 의료 시설이에요.

3 [반려 식물 병원에서는 아픈 식물의 건강 문제를 진단하고 치료해 주어요.] 잎이 시들고 색깔이 노랗게 변하거나 병충해 등으로 병이 든 식물의 상태를 확인하고 필요한 검사를 통해 병의 원인을 분석해요. 병충해를 입었으면 질병 치료제를 바르거나 뿌려 주기도 하고, 물이나 양분의 과잉이나 부족, 온도 변화 등으로 생긴 병이라면 입원 치료실에서 치료하기도 하지요. 심각한 상처나 질병이 발생한 경우에는 식물의 잎이나 줄기를 잘라 내는 수술도 한답니다.

▶ 반려 식물 병원에서는 아픈 식물의 건강 문제를 진단하고 치료해요.

4 [반려 식물 병원에서는 평소에 반려 식물을 적절하게 관리할 수 있는 방법도 상담해 줘요.] 식물은 종류에 따라 살아가는 조건이나 환경이 다르므로 각 식물에 맞는 적절한 물 주기가 있어요. 또한 식물에 따라 알맞은 조명과 온도, 토양과 비료가 필요하지요. 반려 식물 병원에서는 식물의 특성을 고려해 어떤 환경을 만들어 주어야 하는지 알려 줘요. 예방 접종과 정기적인 건강 검진을 통해 반려 식물이 건강한 상태를 유지할 수 있도록 도와주기도 해요.

▶ 반려 식물 병원에서는 반려 식물을 관리하는 방법을 상담해 줘요.

5 이처럼 반려 식물 병원은 식물의 건강과 복지를 돌보며 전문적인 서비스를 제공하는 곳이에요. 대부분 지역 자치 단체의 공공 서비스로 운영되어 주변에서 많이 볼 수는 없어요. 하지만 요즈음 반려 식물을 키우는 사람들의 수가 증가하고 있으므로 앞으로 반려 식물 병원이 더욱 늘어날 것으로 전망해요.

▶ 반려 식물 병원은 앞으로 더욱 늘어날 거예요.

구조 읽기

❶ 식물 ❷ 치료

26~27쪽

1 (3)○ **2** ③ **3** (1)② (2)⑤ (3)④ (4)③ (5)① **4** (1)○
5 (2)○ **6** (1)**3**문단 (2)**4**문단 **7 예시 답안 참고**

꼼꼼한 이해

소재의 뜻 이해하기

1 가족 같은 정이 느껴지면서 정서적으로 교감하며 애정을 가지고 키우는 식물을 반려 식물이라고 한다.

세부 내용 파악하기

2 반려 식물 병원은 코로나19가 유행하면서 반려 식물을 찾는 인구가 많아지고 식물 관리의 중요성이 부각되면서 등장한 의료 시설이다. 요즈음 반려 식물을 키우는 사람들의 수가 증가하고 있어 반려 식물 병원이 더 늘어날 것으로 전망하고 있다.

① **5**문단에서 반려 식물 병원은 대부분 지역 자치 단체의 공공 서비스로 운영되고 있다고 하였다.
④ **3**문단에서 식물은 물이나 양분이 넘치거나 부족할 때에도 병이 들 수 있음을 확인할 수 있다.
⑤ **4**문단에서 반려 식물 병원에서는 평소에 반려 식물을 적절하게 관리할 수 있는 방법도 상담해 준다고 하였다.

개념의 적용

문단의 중심 내용 찾기

3 **1**문단에서 반려 식물 병원을 소개하고, **2**문단에서 반려 식물 병원이 등장하게 된 배경을, **3**문단과 **4**문단에서 반려 식물 병원이 하는 일을 설명한 다음, **5**문단에서 앞으로의 전망을 제시하고 있다.

글의 주제 파악하기

4 이 글은 반려 식물 병원이란 무엇이며 반려 식물 병원에서는 무슨 일을 하는지를 설명하고 있다.

생각과 판단

글의 근거로 활용하기

5 설문 조사 항목으로 쾌적한 환경을 조성함, 관리 비용이 적음, 일상에 방해되지 않음, 소음 및 분변 처리가 없음이 제시된 것으로 보아 사람들이 반려 식물을 키우는 까닭을 나타내는 그래프임을 알 수 있다.

구체적 사례에 적용하기

6 (1) 고양이에게 찢긴 백합꽃을 치료하고 싶은 질문자에게 반려 식물 병원에서 아픈 식물을 치료해 준다는 이 글의 내용(**3**문단)을 소개해 줄 수 있다.
(2) 집에 있는 반려 식물의 특성을 알고 싶은 질문자에게는 반려 식물 병원에서 반려 식물을 적절하게 관리할 수 있는 방법도 상담해 준다는 이 글의 내용(**4**문단)을 소개해 줄 수 있다.

달곰한 생각 펼치기

7 예시 답안

- 반려 대상으로 삼고 싶은 것: 반려 물고기
- 이유: 어항 속의 작은 금붕어가 화려한 색을 뽐내며 우아하게 헤엄치는 모습을 바라보면 마음이 편안해지고 생명체를 키운다는 책임감도 생기기 때문이다.

😆	반려 대상으로 삼고 싶은 것을 쓰고 그 이유를 구체적으로 썼습니다.
🙂	반려 대상으로 삼고 싶은 것과 그 이유를 썼으나 내용이 미흡합니다.
🙁	반려 대상으로 삼고 싶은 것을 썼으나 그 이유를 쓰지 못했습니다.

04 인터뷰의 특징

- 인터뷰의 목적에 ○
- 질문의 핵심 내용에 〰
- 답변의 핵심 내용에 [ ]

✦ 새로 알게 된 낱말이나 어려운 낱말을 써 보세요.

3회독 ✦ 내가 표시한 내용과 예시 답을 비교하며 읽어 보세요.

초등학생의 학업 스트레스

진행자: 한 설문 조사에 따르면, 초등학생들이 스트레스를 받는 가장 큰 원인으로 학업 문제를 꼽았습니다. 학업 문제가 학생들의 정신 건강 및 삶의 만족도에 큰 영향을 주고 있는데요. 오늘은 김병우 정신과 전문의를 모시고 (학업 스트레스와 그 대처 방법에 관해 이야기를 나눠 보도록) 하겠습니다.

인터뷰의 목적

전문가: 안녕하세요. 학생들의 정신 건강 관리에 힘쓰고 있는 정신과 전문의 김병우입니다.

진행자: 선생님, 학업 스트레스란 정확히 무엇인가요?

질문의 핵심 내용

전문가: 공부나 숙제, 성적, 시험 등을 떠올리면 어떤 느낌이 드시죠? 만약 압박감이나 불안감이 느껴진다면 학업 스트레스가 있는 거예요. 즉, [학업 때문에 생기는 신체적, 정신적 긴장 상태를 학업 스트레스]라고 합니다.

답변의 핵심 내용

▶ 학업 스트레스의 뜻

진행자: 그렇군요. 그럼 학업 스트레스의 원인은 무엇인가요?

전문가: 원인은 다양합니다만, 우선 [시험과 성적에서 오는 압박감]을 들 수 있습니다. 낮은 성적이 자신에 대한 실망감과 심리적 위축으로 이어지는 경우가 많아요. 여기에 [부모님의 기대나 주변의 시선과 같은 외부적인 요인]이 스트레스를 더욱 크게 만듭니다. 또한 [경쟁이 치열한 사회 분위기] 속에서 많은 학생들이 학원으로 내몰리고 있습니다. [지나친 선행 학습과 과도한 분량의 과제]도 학생들을 지치게 만듭니다.

▶ 학업 스트레스의 원인

진행자: 그렇다면 학업 스트레스는 어떻게 줄이면 좋을까요?

전문가: 무엇보다 [건강한 생활 습관]이 중요합니다. 충분한 수면, 균형 잡힌 식사, 규칙적인 운동이 도움이 됩니다. 또 [여가 활동]을 즐기거나, 명상과 같이 [스트레스 상황에서 심리적 안정을 유지할 수 있는 방법을 찾아보는 것]도 좋습니다. 성적이 낮아졌다고 해서 '나'의 가치가 낮아지는 것은 아닙니다. [자신에 대한 긍정적인 마음을 잃지 않는 것]도 중요합니다.

진행자: 네, 좋은 말씀 감사합니다. 꼭 해야만 하는 공부, 부담은 줄이고 재미는 더할 수 있는 방법도 있을까요?

전문가: [일정을 짜서 시간 관리]를 하면 학업의 부담을 줄일 수 있습니다. 또한 공부한 내용을 인형에게 설명해 보거나 친구와 퀴즈를 주고받는 등 다양한 방법을 시도해 보세요. [자신에게 잘 맞는 학습법]을 찾는다면, 학업의 재미와 높은 성취도라는 두 마리 토끼를 잡을 수 있을 거예요.

▶ 학업 스트레스의 대처 방법

진행자: 네, 좋습니다. 마지막으로 학생들에게 꼭 하고 싶은 말씀이 있으실까요?

전문가: [학업 스트레스를 부정적으로만 생각하지 않았으면 합니다.] 적당한 수준의 스트레스는 더 높은 성과를 만들어 내는 동기가 될 수 있어요. 또 어려움이 클수록 목표를 달성했을 때 느끼는 성취감도 클 것이고요. 학업 스트레스는 성장과 발전을 위한 중요한 밑거름이 될 수 있습니다. 여러분을 항상 응원하겠습니다.

진행자: 네. 좋은 말씀 감사드립니다. 지금까지 정신과 전문의 김병우 선생님이었습니다.

▶ 학업 스트레스의 긍정적 측면

구조 읽기

❶ 학업 ❷ 경쟁 ❸ 긍정적

32~33쪽

1 (1)○	**2** ④	**3** ②	**4** 서은	**5** (2)○	**6** ⑤
7 **예시 답안 참고**					

꼼꼼한 이해

인터뷰 상황 파악하기

1 이 글에서 진행자와 전문가는 '학업 스트레스의 원인과 대처 방법'에 관하여 이야기를 나누고 있다.

세부 내용 파악하기

2 경쟁이 치열한 사회 분위기는 학업 스트레스를 줄여 주는 것이 아니라 오히려 유발하는 원인 중 하나이다.

① 학업 스트레스의 원인이 다양하다고 하며 지나친 선행 학습과 과도한 분량의 과제도 학생들을 지치게 만든다고 하였다.

② 인터뷰의 처음 부분에서 학업 문제가 학생들의 정신 건강 및 삶의 만족도에 큰 영향을 준다고 하였다.

③ 충분한 수면, 균형 잡힌 식사, 규칙적인 운동 등 건강한 생활 습관으로 학업 스트레스를 줄일 수 있다고 하였다.

⑤ 학업 때문에 생기는 신체적, 정신적 긴장 상태를 학업 스트레스라고 한다.

개념의 적용

글의 흐름 파악하기

3 전문가는 ㉠의 질문을 받고 그 답변으로 건강한 생활 습관의 중요성을 이야기하고 여가 활동이나 명상을 권하며 학업 스트레스를 줄일 수 있는 방법을 알려 주고 있다.

반응의 적절성 파악하기

4 전문가는 학생들이 일정을 짜서 시간 관리를 하면 학업의 부담을 줄일 수 있다고 말하였다.

• 지안: 전문가의 말을 무조건 받아들이지 않고 전문가의 대처 방안이 현실적이지 못하다며 비판적으로 받아들이고 있다.

생각과 판단

인터뷰의 근거 추론하기

5 글의 처음에서 진행자가 '한 설문 조사에 따르면, 초등학생들이 스트레스를 받는 가장 큰 원인으로 학업 문제를 꼽았습니다.'라고 밝히고 있다. 따라서 설문 조사 항목 중 '학업'이 가장 큰 비중을 차지하고 있는 설문 조사 결과 (2)가 이 인터뷰에 활용되었음을 알 수 있다.

구체적 사례에 적용하기

6 전문가는 자신에게 맞는 학습법을 찾는 것이 학업의 재미와 높은 성취도라는 두 마리 토끼를 잡을 수 있는 방법이라고 말하였다. 따라서 다양한 방법으로 공부하며 자신에게 맞는 학습법을 찾고 있는 친구에게 학업의 재미만 추구하면 안 된다고 조언하는 것은 알맞지 않다.

달곰한 생각 펼치기

7 예시 답안

• 학생들의 학업 스트레스를 줄이기 위해 학부모가 어떤 도움을 줄 수 있나요?

• 학업 스트레스와 자존감은 어떤 관계가 있나요?

• 학업 스트레스가 교우 관계에도 영향을 끼칠까요?

😆	인터뷰의 상황과 주제에 알맞은 질문을 2개 이상 썼습니다.
🙂	인터뷰의 상황과 주제에 알맞은 질문을 1개만 썼습니다.
🙁	인터뷰 상황에서 할 수 있는 질문을 썼으나 주제에 적합하지 않습니다.

05 주장과 근거

- 글쓴이의 주장에 ○
- 주장을 뒷받침하는 근거에 ~~
- 근거로 사용한 자료에 [ ]

✦ 새로 알게 된 낱말이나 어려운 낱말을 써 보세요.

3회독 ✦ 내가 표시한 내용과 예시 답을 비교하며 읽어 보세요.

촉법소년의 나이를 낮춰야 한다

최근 촉법소년의 나이 문제가 사회적으로 논의되고 있습니다. 촉법소년이란 법을 어겼지만 형사 처벌을 받지 않는 10세 이상 14세 미만의 청소년을 말합니다. 이들은 자신의 행동을 통제할 능력, 자신의 행동에 대해 책임질 수 있는 능력이 부족한 나이라고 판단되어 형사 처벌 대신 보호 관찰이나 사회봉사 명령 등의 보호 처분을 받습니다. 피해자들이 촉법소년의 보호자를 상대로 손해 배상 청구 등의 책임을 요구할 수는 있습니다. 하지만 이제는 (심각해진 촉법소년의 범죄 문제를 해결하기 위해 촉법소년의 나이를 13세 미만으로 낮춰야 할 때입니다.)

글쓴이의 주장

▶ 촉법소년의 나이를 13세 미만으로 낮춰야 합니다.

법은 범죄를 예방하는 효과를 가져야 합니다. 하지만 촉법소년 범죄의 경우 범죄의 심각성에 비해 처벌이 가벼워 범죄율이 점점 늘고 있습니다. 무인점포에서 20차례 이상 절도를 한 A군이 경찰에 붙잡혔으나 풀려나자마자 다시 범행을 저지르고, 경찰서에서 당당하게 "난 촉법소년인데 처벌할 수 있겠냐."라고 큰소리를 치는 사건이 있었습니다. 이는 [촉법소년은 처벌을 받지 않는다는 것을 악용하는 사례]입니다. 촉법소년의 나이를 낮춘다면 이 제도를 악용하여 범죄를 저지르는 행위들을 줄일 수 있습니다.

주장을 뒷받침하는 근거 / 근거로 사용된 자료

▶ 법은 범죄 예방 효과를 가져야 합니다.

법은 우리 사회를 범죄로부터 보호하여 사회가 안정을 유지할 수 있도록 해야 합니다. [경찰청의 통계 자료]에 따르면 2019년에 접수된 촉법소년의 범죄 건수는 8,600여 건이었지만, 2021년에는 11,600여 건, 2023년에는 19,600여 건, 현재는 20,000건이 넘는 등 점점 늘어나고 있습니다. 접수된 범죄 중에서 강력 범죄가 차지하는 비율도 증가하고 있습니다. 촉법소년의 나이를 낮추어서 이런 범죄율의 증가를 막고 안정된 사회를 만들어야 합니다. 또한 피해자들은 범죄자가 촉법소년이라는 이유만으로 가벼운 처분만을 받는 현실에 좌절하고 있습니다. 만약 촉법소년 나이를 낮춘다면 이런 피해자와 그 가족들에게 위로가 될 것입니다.

▶ 법은 우리 사회를 범죄로부터 보호해야 합니다.

촉법소년의 나이를 낮추자는 사회적 목소리도 커지고 있습니다. 이미 [유럽의 여러 국가들이 촉법소년의 나이를 낮추어 범죄 예방과 사회 안전에 긍정적인 효과를 거두었음]이 밝혀졌습니다. [많은 OECD 국가들이 촉법소년의 나이를 낮추자는 논의를 활발하게 진행하고 있습니다.] 법은 우리 사회를 구성하는 모든 사람들의 의견을 토대로 정의를 집행하는 도구입니다. 따라서 최근의 사회적 목소리를 주의 깊게 들어야 할 것입니다.

▶ 촉법소년의 나이를 낮추자는 사회적 요구가 커지고 있습니다.

촉법소년의 나이를 낮추는 것에 대해 우려하는 목소리도 있습니다. 하지만 법이 시대와 맞지 않는다면 이를 수정하고 발전시켜야 합니다. 촉법소년의 나이를 낮추는 것은 우리 사회의 안전을 위한 필수적인 조치입니다. 이것은 단순히 처벌이 아니라 청소년들의 올바른 성장을 위해서 꼭 필요한 일입니다.

▶ 촉법소년의 나이를 낮추는 것은 우리 사회의 안전을 위해 꼭 필요합니다.

구조 읽기

❶ 촉법소년 ❷ 예방 ❸ 사회적

38~39쪽

1 ④ **2** ④ **3** (1)○ **4** (1)① (2)② **5** 동휘, 하윤 **6** (2)○
7 **예시 답안** 참고

꼼꼼한 이해

낱말의 뜻 파악하기

1 ㉣의 '처분'은 '일정한 대상을 어떻게 처리할 것인가에 대하여 지시하거나 결정함. 또는 그런 지시나 결정.'을 의미하는 말로 범죄를 저지르고도 촉법소년이라는 이유로 가벼운 법적 결정을 받는다는 뜻으로 쓰였다.

세부 내용 파악하기

2 2019년부터 접수된 촉법 소년의 범죄 건수가 점점 늘어나고 있고 이 중 강력 범죄의 비율 또한 증가하고 있다.

② 촉법소년은 자신의 행동을 통제하거나 책임질 수 있는 능력이 부족하다고 판단되어 형사 처벌 대신 보호 관찰이나 사회봉사 명령 등의 보호 처분을 받는다.
⑤ 촉법소년을 형사 처벌할 수는 없지만 보호자를 상대로 손해 배상 청구 등의 책임을 요구할 수는 있다.

개념의 적용

글쓴이의 주장 파악하기

3 이 글에서 글쓴이는 심각해진 촉법소년의 범죄 문제를 해결하기 위해서 현재 10세에서 14세 미만인 촉법소년의 나이를 13세 미만으로 낮춰야 한다고 주장하고 있다.

근거를 뒷받침하는 자료 파악하기

4 2문단에서는 법이 범죄를 예방하는 효과를 지니지 못하고 있다는 근거의 자료로 촉법소년이 처벌받지 않는 점을 악용해 범죄를 저지르는 실제 사례를 제시하였다. 또한 법이 우리 사회의 안정을 유지하지 못하고 있다는 근거를 뒷받침하는 자료로 촉법소년 범죄가 증가하고 있는 경찰청 통계 자료를 활용하였다.

생각과 판단

글쓴이의 주장 비판하기

5 동휘는 처벌보다 교육이 우선이라는 생각을 밝히고 있으며 하윤이는 범죄가 발생하는 원인과 과정을 분석해 해결책을 마련해야 한다고 주장하고 있다. 둘 다 처벌보다 다른 대책이 필요하다는 입장임을 알 수 있다.

- 예진: 촉법소년 범죄가 고도화되어 가는 현실에서 현재의 처벌로는 범죄를 예방할 수 없다는 것은 글쓴이의 주장에 찬성하는 입장이다.

구체적 사례에 적용하기

6 '반성과 변화를 이끌어 내려는 사회적인 노력', '범죄자로 낙인 찍힌다면 ~ 가능성이 있어요.'등의 내용을 통해 촉법소년의 나이를 낮춰 형사 처벌을 받는 청소년이 늘어날 수 있게 되는 것에 반대하는 입장임을 알 수 있다.

달콤한 생각 펼치기

7 **예시 답안**

- 반대한다 / 왜냐하면 촉법소년의 나이를 낮추는 것만으로 범죄 예방 효과가 있을 것이라고 예상하기 어렵기 때문이다. 형사 처분 확대가 범죄 억제에 실효성이 없다는 연구 결과도 많다.
- 찬성한다 / 왜냐하면 13세 이상의 청소년은 자신의 행동을 통제하고 자신의 행동에 책임질 능력이 있기 때문이다. 예전에 비해 육체적·정신적 성장 속도가 빨라진 만큼 법도 현실을 고려해야 한다.

😆	자신의 입장을 뒷받침하는 구체적인 근거를 제시하여 글을 썼습니다.
🙂	제시한 근거가 자신의 입장을 뒷받침하기에 적절하지 않습니다.
🙁	자신의 입장을 뒷받침하는 근거를 들어 글을 쓰지 못했습니다.

06 이야기의 감상

- 주인공의 이름에 ○
- 중심 사건에 ～
- 주인공의 마음이 드러난 부분에 [ ]

✦ 새로 알게 된 낱말이나 어려운 낱말을 써 보세요.

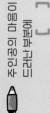

3 회독 ✦ 내가 표시한 내용과 예시 답을 비교하며 읽어 보세요.

잘못 뽑은 반장

"안녕하세요, 이로운입니다." (주인공의 이름)

우선 교실이 들썩일 정도로 우렁차게 인사했다. 아이들이 와르르 웃었다.

"누가 모르나?"

코앞에 앉은 정규가 중얼거렸다. [저걸 그냥!] (주인공의 마음이 드러난 부분)

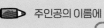

"저를 반장으로 뽑아 주시면 여러분의 머슴이 되겠습니다. 머슴처럼 시키는 일은 뭐든지 다 하고, 언제 어디서나 여러분을 돕겠습니다. 머슴이 필요하신 분은 저를 꼭 뽑아 주세요. 부탁드립니다."

▶ 이로운이 반장 선거에 나갔다.

<중략>

투표가 끝나고 곧바로 개표를 했다. (중심 사건) 선생님이 표를 확인하고 이름을 부르면 일 학기 반장이었던 제하가 후보 이름 옆에 막대기를 하나씩 그어 나갔다. [나는 떨리는 마음으로 선생님 목소리에 귀를 귀울였다.] 다른 아이들도 숨소리를 죽였다. 어차피 반장, 부반장은 민혁이나 정규, 백희처럼 공부도 잘하고, 친구들도 많은 아이들이 뽑힐 게 뻔했다. [난 그저 다섯 표 이상만 나와서 엄마나 다른 아이들 앞에서 당당하게 패배를 자랑하고 싶은 욕심밖에 없었다.]

"조백희!"

"김민혁!"

"조백희!"

선생님이 세 번째 표까지 확인했을 때 백희 얼굴에 웃음이 가득 번졌다. 겨우 두 표를 얻은 것뿐인데 벌써부터 김칫국을 마시려는 모양이다. [나는 책상 밑에 손을 모으고 속으로 '제발, 제발' 하고 빌었다. 내 이름이 불리면 춤이라도 출 수 있을 것 같았다.] 그때였다.

"이로운!"

내 마음을 읽기라도 한 것처럼 선생님 입에서 정말로 내 이름이 나왔다. [나는 벌떡 일어나 엉덩이를 흔들 뻔했다.] 대광이가 나를 돌아보고 히죽 웃었다. 녀석도 약속대로 내 이름을 적은 게 확실했다. 역시 의리 있는 친구다.

그런데 기가 막힐 일이 벌어졌다. 시간이 갈수록 내 이름 옆에 막대기가 늘어난 것이다. 그토록 간절히 바라던 다섯 표가 채워졌을 때 나는 옆으로 고개를 돌렸다. 백희의 황당한 표정이란! [흐흐흐, 앞으로 일주일 동안 넌 내 여자 친구다.] 백희는 나와 눈이 마주치자 금방이라도 울음을 터뜨릴 듯한 얼굴이 되었다. 그런데 일은 거기서 끝난 게 아니었다. 다섯 번째 표를 훌쩍 넘기더니 어느새 일곱 번째 표가 나왔다. 그때까지 백희와 내가 얻은 표는 똑같았고, 우리 둘의 표가 가장 많았다. [세상에, 어떻게 이런 일이! 나는 내 눈을 의심했다.] 백희도 몇 번이나 눈을 비비면서 칠판에 그려진 막대기를 세고 또 셌다. 좀 전까지 울상을 짓고 있던 얼굴에는 긴장감이 넘쳐났다. 나머지 후보들이 서너 표씩 나눠 가졌고 대광이는 안타깝게도 겨우 한 표를 받았다. 아무것도 적지 않은 표도 한 장 나왔다. 제하 녀석이 분명했다. 이제 남은 표는 단 한 장뿐이었다.

▶ 이로운이 일곱 표를 얻었다.

선생님은 긴장한 얼굴로 마지막 표를 확인했다. 그 순간에, 선생님의 표정이 굳어졌다.

▶ 마지막 표를 확인한 선생님의 표정이 굳어졌다.

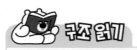

구조 읽기

❶ 이로운 ❷ 반장

46~47쪽

1 백희, 한 장 **2** ⑤ **3** (1) ○ (2) ○ **4** 다미, 준서 **5** ㉡
6 정우 **7** 예시 답안 참고

꼼꼼한 이해

중심 사건 정리하기

1 학급 반장 선거에 나간 이로운과 백희가 각각 일곱 표를 얻은 상태에서 남은 표는 단 한 장뿐이었다. 이 마지막 한 표에 따라 당선이 좌우된다.

이야기의 흐름 파악하기

2 반장 선거 투표가 끝나고 개표가 시작됐다. 다섯 표 이상만 받기를 바란 이로운은 책상 밑에 손을 모은 채 자신의 이름이 불리기를 빌었다. 그런데 이로운이 일곱 표를 얻었고 마지막 표를 확인한 선생님의 표정이 굳어졌다.

① (1) 정규가 비아냥거린 것은 이로운이 반장 선거 연설을 할 때이다.

② (1) 개표 초반에 표를 많이 얻은 백희 얼굴에 웃음이 번진 것은 맞지만 (2) 대광이가 이로운을 보고 웃은 것은 개표 후 이로운의 이름이 처음 나왔을 때이다.

개념의 적용

인물에 대해 이해하기

3 (1) '일 학기 반장이었던 제하가 후보 이름 옆에 막대기를 하나씩 그어 나갔다.'에서 알 수 있다.

(2) 대광이는 안타깝게도 겨우 한 표를 받았다고 하였다.

(4) 선생님이 긴장한 얼굴로 마지막 표를 확인했다는 내용으로 볼 때 누가 반장이 될지 관심이 없었다는 것은 알맞지 않다.

재미있거나 감동적인 장면 말하기

4 다미는 이로운이 반장 선거에서 다섯 표를 얻으면 일주일 동안 백희가 이로운의 여자 친구를 하기로 약속했을 것이라 짐작하고 백희가 당황하는 장면이 재미있었다고 알맞게 말하였다. 준서는 어차피 반장이 될 친구는 따로 있다고 생각한 이로운이 일곱 표를 받고 믿기지 않는다는 반응을 보이는 장면을 인상적으로 느끼고 있다.

생각과 판단

인물의 마음 추론하기

5 **보기**에서 선수들은 국가대표로 선발되기를 간절히 바라고 있다. ㉡에서 로운이도 자신의 이름이 불리기를 빌고 있다.

㉠은 비아냥거리는 정규를 얄미워하는 마음, ㉢은 대광이를 믿음직하게 생각하는 마음, ㉣은 일곱 표가 나온 일에 놀랍고 기쁜 마음을 드러내고 있다.

적절하게 반응하기

6 정우는 반장이 된 로운이를 응원하면서 이 글의 제목을 떠올리고 있다. '음…… 이건 좀…… 이로운.'이라고 결과를 알려 주는 선생님의 말투로 보아, 선생님이 예상한 결과가 아니라는 것을 알 수 있다.

달곰한 생각 펼치기

7 예시 답안

작년에 한자 급수 시험을 봤다. 시험장에 들어가 앉아 있는데 엄청 떨리고 긴장됐다. 시험 시작종이 울리기까지 시간이 정말 느리게 흘러가는 것만 같았다.

(웃는 얼굴)	긴장했던 순간을 떠올리고 그때의 상황과 기분을 구체적으로 썼습니다.
(보통 얼굴)	긴장했던 순간을 떠올려 그때의 상황만 썼습니다.
(찡그린 얼굴)	긴장했던 순간의 상황과 그때의 기분을 쓰지 못했습니다.

07 이어 주는 말

- 서로 비슷한 내용을 이어 주는 말에 ○
- 서로 반대되는 내용을 이어 주는 말에 〰
- 원인과 결과를 나타내는 내용을 이어 주는 말에 [ ]

✦ 새로 알게 된 낱말이나 어려운 낱말을 써 보세요.

3회독 ✦ 내가 표시한 내용과 예시 답을 비교하며 읽어 보세요.

동물과 소통하는 시대가 온다

1 여러분, 「닥터 두리틀」이라는 영화를 본 적이 있나요? 주인공인 두리틀이 동물들과 힘을 모아 불치병에 걸린 영국 여왕을 치료하고 망해 가는 왕국을 구하는 과정을 그린 영화예요. 두리틀은 특별한 능력 하나를 지니고 있어요. 바로 동물들과 의사소통할 수 있는 능력입니다. 그는 앵무새, 북극곰, 고릴라 등 동물이 사용하는 언어를 배워 그들과 대화를 나눠요. 영화니까 가능한 일이라고요? 과학자들은 머지않아 인간이 동물과 의사소통하는 시대가 열릴 것이라고 이야기하고 있어요.

▶ 인간과 동물이 의사소통하는 시대가 올 거예요.

2 인간과 동물이 의사소통하기 위해서는 우선 동물의 소리에 담긴 뜻을 알아야 해요. 동물의 소리를 해석하는 데는 인공 지능이 중요한 역할을 합니다. 예를 들어 고양이가 내는 '야옹' 소리에는 2억 8천만 가지 이상의 형태가 있다고 해요. 이렇게 다양한 형태의 소리를 인간이 명확하게 구별해 내기란 매우 어려워요. [그래서] 많은 데이터를 학습하여 다양한 패턴을 이해할 수 있는 인공 지능 기술이 필요한 것입니다.

원인과 결과를 나타내는 내용을 이어 주는 말

▶ 인공 지능 기술로 동물의 소리를 해석해요.

3 동물 언어 해석의 과정은 다음과 같아요. 먼저 녹음 장치와 촬영 장비를 사용하여 동물의 소리, 몸짓, 상황 등의 데이터를 수집해요. 그리고 인공 지능으로 방대한 양의 데이터에서 일정한 규칙이나 패턴을 찾아냅니다. 이러한 규칙이나 패턴을 학습한 인공 지능에 동물의 소리를 입력하면 동물의 감정 상태나 흥분 정도를 인간의 언어로 표현할 수 있어요.

▶ 동물의 소리 데이터를 분석해 인간의 언어로 바꿔요.

4 덴마크 코펜하겐대의 연구진은 돼지 411마리가 전 생애 동안 내는 모든 소리를 녹음하여 이를 인공 지능으로 분석했어요. 연구 결과에 따르면 어린 돼지가 어미 젖을 빨 때와 같이 긍정적인 감정을 느낄 때는 낮은 소리로 '꿀꿀' 울었다고 해요. 반면 낙인을 찍는 등의 공포 상황에서는 '꽥' 하고 높은 소리를 냈다고 합니다. 이처럼 인간은 인공 지능을 활용하여 동물 언어의 의미를 더욱 정확히 이해할 수 있게 되었어요.

서로 반대되는 내용을 이어 주는 말

▶ 울음 소리를 분석해 돼지가 처한 상황이 어떠한지 판단해요.

5 하지만 동물 언어를 안다는 것이 인간과 동물 간 의사소통으로 곧장 연결되지는 않아요. 의사소통을 위한 다음 단계는 사람의 말을 동물의 소리로 바꾸는 것입니다. 예를 들어 각 동물들의 말로 "돌고래야, 우린 널 해치지 않을 거야."라고 하거나 "고양이야, 무슨 간식을 먹고 싶니?"와 같이 말하는 것이죠. 사람도 동물에게 의사를 전달할 수 있어야 진정한 의미의 소통이 완성돼요. [그래서] 연구자들은 동물 언어를 생성하는 인공 지능을 개발하는 데 힘쓰고 있어요. 인공 지능 프로그램에 동물의 소리를 학습시킨 후 사람의 말을 동물의 말로 전환하는 방법을 연구하고 있습니다. 한 대학 교수는 앞으로 20년 안에 인간과 동물의 양방향 의사소통이 가능해질 것으로 내다보고 있답니다.

▶ 동물의 소리를 생성하는 연구가 진행되고 있어요.

6 인공 지능의 발달은 미지의 세계였던 동물 언어의 비밀을 푸는 열쇠가 되고 있어요. 동물 언어 번역기가 개발된다면 인간은 동물과 원활하게 소통할 수 있을 거예요. 동물의 마음을 이해하고 그들에게 필요한 먹이나 환경을 제공할 수 있게 되죠. (그리고) 특정 동물의 경우에는 인간과 생각을 주고받을 수 있을지도 몰라요. 그러나 이 연구에 대한 부정적인 시선도 있답니다. 인간이 동물 언어 번역기를 사용하여 동물을 착취하거나 동물에게 피해를 줄 수도 있다는 우려 때문이에요. [따라서] 동물과의 소통을 위해 동물 언어 번역기를 개발해 나가되, 동물의 복지와 보호를 위한 책임 있는 접근이 필요해요.

서로 비슷한 내용을 이어 주는 말

▶ 동물 언어 번역기 개발에 인간의 책임 있는 접근이 필요해요.

구조 읽기

❶ 의사소통 ❷ 책임

52~53쪽

1 인공 지능 **2** ④ **3** (1) ② (2) ① (3) ③ **4** ⑤ **5** **4**문단
6 ㉯ **7** **예시 답안** 참고

꼼꼼한 이해

중심 내용 파악하기

1 인간과 동물이 의사소통을 하는 데 동물의 소리를 학습하여 그 패턴을 이해할 수 있는 인공 지능 기술이 중요한 역할을 한다고 하였다. 즉 인공 지능의 발달이 동물 언어의 비밀을 푸는 기술적 배경이 되고 있다.

세부 내용 파악하기

2 아직 '동물 언어의 생성'은 가능하지 않으며, 현재 이에 관한 연구가 활발히 진행 중이다.

① **3**문단에서 인공 지능에 동물의 소리를 입력하면, 동물의 감정 상태나 흥분 정도를 인간의 언어로 표현할 수 있다고 하였다.
② **6**문단에서 동물 언어 번역기 개발에 부정적인 시선이 있다는 사실을 확인할 수 있다.
③ **2**문단에서 동물의 소리를 해석하는 데는 인공 지능이 중요한 역할을 한다고 하였다.
⑤ 영화 「닥터 두리틀」에는 동물들과 의사소통할 수 있는 주인공이 등장한다.

개념의 적용

이어 주는 말 넣기

3 ㉠의 앞뒤 문장 모두 인간과 동물 간 의사소통이 가능할 때의 장점이므로 비슷한 내용을 이어 주는 '그리고'가 들어가야 알맞다. ㉡의 앞 문장은 동물 언어 번역기 개발에 대한 긍정적인 면을, 뒤 문장은 부정적인 면을 이야기하고 있으므로 서로 반대되는 내용을 이어 주는 '그러나'가 들어가야 알맞다. ㉢의 앞뒤 문장이 '우려 때문'과 '책임 있는 접근이 필요'라는 원인과 결과를 나타내므로 '따라서'가 들어가야 알맞다.

빈칸에 들어갈 문장 추론하기

4 ㉮의 앞에서는 '동물 언어의 해석'에 관해 설명하였고 뒤에서는 동물과의 진정한 의사소통의 완성은 '동물 언어의 생성'에 있음을 말하고 있다. 또 두 부분을 '하지만'을 사용해 이어 주고 있다. 따라서 ㉮에는 동물 언어의 의미를 이해하는 것이 동물과의 의사소통으로 연결되는 것은 아니라는 내용이 들어가야 알맞다.

생각과 판단

자료 해석하기

5 **보기**는 닭의 언어를 해석한 사례에 해당하므로 돼지 소리를 통해 동물의 언어를 해석한 사례를 제시한 **4**문단을 대신하여 쓸 수 있다.

구체적 사례에 적용하기

6 제시된 글에는 인간이 인공 지능을 통해 동물과 의사소통하며 돌고래를 포획하는 장면이 그려져 있다. 동물의 마음을 이해하고 그들에게 필요한 환경을 제공해 주려는 것이 아니라, 동물을 이용하고 있다.

㉱ 동물 언어 번역기가 동물을 착취하거나 동물에게 피해를 줄 수 있다는 우려를 보여 주는 사례가 될 수 있다.

달곰한 생각 펼치기

7 **예시 답안**

우리 집 강아지 / 우리 집 강아지는 내가 집을 비우면 돌아올 때까지 현관 앞에 마냥 앉아 있는데, 가만히 앉아서 무슨 생각을 하는지 궁금하다. 또 내가 없어도 재미있게 놀고 있으라고 얘기해 주고 싶다.

😆	동물과 의사소통하는 상황을 상상하여 동물에게 하고 싶은 말을 구체적으로 썼습니다.
🙂	동물과 의사소통하는 상황을 상상하였으나 동물에게 하고 싶은 말을 제대로 쓰지 못했습니다.
☹️	동물과 의사소통하는 상황을 상상하여 쓰지 못했습니다.

08 글의 짜임 – 시간의 흐름

설명하는 대상에 ○

시간을 나타내는 말에 〰

설명하는 대상의 특징에 [ ]

✦ 새로 알게 된 낱말이나 어려운 낱말을 써 보세요.

3회독 ✦ 내가 표시한 내용과 예시 답을 비교하며 읽어 보세요.

피아노의 역사

여러분은 피아노 소리를 들으면 어떤 기분이 드나요? 서양에서 처음 피아노가 등장했을 때, 사람들은 피아노 소리가 마치 천사의 노래처럼 아름답다고 했어요. 피아노(설명하는 대상)는 어떻게 만들어졌으며, 어떻게 발전해 왔는지 알아볼까요?

▶ 피아노에 관해 알아보아요.

피아노는 1700년경(시간을 나타내는 말)에 이탈리아의 하프시코드 제작자인 바르톨로메오 크리스토포리가 발명한 것으로 알려져 있어요. 크리스토포리는 하프시코드의 소리를 개선하기 위해 노력하다가 그와 비슷하게 생긴 피아노를 만들게 되었어요. 하프시코드는 건반과 연결된 깃털이 현을 뜯으면서 소리를 내는 악기예요. 소리의 크기가 작고 일정한 것이 단점이었는데, 깃털 대신 망치가 현을 두드리면서 소리를 내도록 바꾼 것이 피아노예요. [피아노는 건반을 통해 망치로 현을 치는 순간 현이 진동하는데, 건반을 치는 정도에 따라 작은 소리인 '피아노'부터 큰 소리인 '포르테'까지 다양한 소리를 만들어 냈어요.](설명하는 대상의 특징) 그래서 이 악기는 피아노와 포르테를 모두 낸다는 의미로 '그라비쳄발로 콜 피아노에 포르테'라고 불리다가 나중에 '피아노'가 되었지요.

▶ 피아노는 1700년경 크리스토포리가 만들었어요.

18세기 후반에는 [피아노가 기술적으로 발전하며 음악의 중심 악기가 되었어요.] 밟으면 소리를 길게 지속시킬 수 있는 페달이 등장하면서 연주자는 음을 다채롭게 표현할 수 있게 되었지요. 또 현을 지탱하는 나무틀이 강철로 바뀌면서 피아노는 더 큰 음량을 낼 수 있었고, 음질도 향상되었어요. 이렇게 피아노의 기능이 개선되어 연주회장처럼 큰 공간에서도 아름답고 풍부한 소리로 연주할 수 있었죠. 게다가 제작 기술이 발전하며 가격이 낮아져 귀족 중심의 가정과 음악당에 널리 보급되었어요. 이와 더불어 당시의 유명한 작곡가들이 피아노의 특징을 살린 다양한 작품을 작곡하면서 피아노는 이 시기 음악에서 빼놓을 수 없는 위치를 차지했죠.

▶ 18세기 후반 피아노가 기술적 발전을 이루어 음악의 중심 악기가 되었어요.

20세기에 들어서면서 [여러 형태의 피아노가 등장하였어요.] 전자 부품과 디지털 기술이 합쳐진 전자 피아노는 건반을 누르면 피아노 내부에 저장된 여러 가지 악기 소리가 나요. 전자 피아노는 다양한 음향 효과를 낼 수 있어서 음악계에서 폭넓게 사용되었죠. 또한 기존 피아노도 여전히 더 좋은 소리를 내기 위한 연구가 계속되고 있어요. 오늘날 피아노는 클래식 음악뿐만 아니라 재즈, 팝, 전자 음악 등 여러 음악 분야에서 다양하게 연주되고 있어요.

▶ 20세기에 여러 형태의 피아노가 등장했어요.

이처럼 피아노는 오랜 기간에 걸쳐 기술적으로 발전해 왔어요. 점점 더 아름다운 소리를 내며 다양한 음악을 연주하는 데 사용되고 있지요. 앞으로도 새로운 기술과 더불어 발전할 피아노를 기대해요.

▶ 피아노는 오랜 기간에 걸쳐 발전해 왔어요.

구조 읽기

❶ 피아노 ❷ 기술 ❸ 형태

58~59쪽

1 (1)○ **2** ② **3** ③ **4** (1)① (2)③ (3)② **5** (2)○ **6** (2)○
7 예시 답안 참고

꼼꼼한 이해

글의 짜임 파악하기

1 이 글은 피아노가 언제 누구에 의해 만들어졌고 어떻게 기술적으로 발전해 왔는지를 시간의 흐름에 따라 설명하고 있다.

글의 내용 파악하기

2 피아노의 이름은 작은 소리부터 큰 소리까지 낸다는 뜻을 담고 있다.

① 하프시코드는 건반을 누르면 건반과 연결된 깃털이 현을 뜯으며 소리를 내는 악기이다. 피아노는 하프시코드에 사용된 깃털을 망치로 바꾼 것이므로 둘 다 건반을 눌러 연주하는 악기이다.
③ 전자 피아노가 나온 후에도 기존 피아노의 소리를 개선하기 위한 연구가 계속되고 있다.
④ 피아노의 현을 지탱하는 나무틀이 강철로 바뀌면서 소리가 커졌다.
⑤ 밟으면 소리를 길게 지속시킬 수 있는 페달이 등장하면서 연주자는 음을 다채롭게 표현할 수 있게 되었다.

개념의 적용

시간을 나타내는 말 알기

3 '이와 더불어'는 '어떤 것이 함께 일어나거나 어떤 것을 다른 것과 같이하다.'라는 뜻으로 시간을 나타내는 말이 아니다.

설명 대상에 적절하게 반응하기

4 피아노는 1700년경 하프시코드의 현을 치는 방법을 개선하는 과정에서 만들어진 것으로, 작은 소리부터 큰 소리까지 표현할 수 있었다. 18세기 후반에 페달과 강철 틀의 기술적 발전으로 음이 지속되고 음량이 커져서 큰 공간에서도 연주할 수 있게 되었다. 또 20세기에 등장한 전자 피아노는 여러 가지 악기 소리를 낼 수 있다.

생각과 판단

변화 양상 추론하기

5 피아노는 작은 소리인 '피아노'와 큰 소리인 '포르테' 소리를 낼 수 있는 악기이므로 피아노가 등장한 이후 악보에 피아노와 포르테를 표시하여 작게 또는 크게 연주하도록 했을 것이다.

(1) 페달은 18세기 후반에 나온 것이므로 페달이 표시된 악보는 그 이후에 나타났을 것이다.

자료를 바탕으로 추론하기

6 **보기**는 18세기 후반과 19세기 초반에 피아노의 보급과 함께 활발해진 피아노곡의 작곡과 연주에 관한 이야기를 담고 있다. 이를 통해 그 당시 피아노의 위상이 높았다는 것을 알 수 있다.

달콤한 생각 펼치기

7 **예시 답안**

과거에는 아이들이 주로 골목길에서 친구들과 함께 공기놀이, 딱지치기, 숨바꼭질 등을 하며 놀았다. 이에 비해 오늘날에는 대부분의 아이들이 실내 놀이 시설을 이용하거나 스마트폰이나 컴퓨터로 디지털 게임을 하며 시간을 보낸다.

😆	시간을 나타내는 말을 알맞게 사용하여 아이들의 놀이 문화를 잘 설명했습니다.
🙂	시간을 나타내는 말을 알맞게 사용하였지만, 아이들의 놀이 문화를 제대로 설명하지 못했습니다.
🙁	시간을 나타내는 말을 알맞게 사용하지 못하였고 아이들의 놀이 문화도 제대로 설명하지 못했습니다.

09 기행문의 특징

- 글쓴이가 들른 장소에 ○
- 글쓴이가 보거나 들은 것에 〰
- 글쓴이의 생각이나 느낌에 [ ]

✦ 새로 알게 된 낱말이나 어려운 낱말을 써 보세요.

3회독 ✦ 내가 표시한 내용과 예시 답을 비교하며 읽어 보세요.

천년의 역사를 간직한 도시, 교토

올해 봄, 나는 가족과 함께 아버지께서 일하고 계시는 (일본의 교토)로 여행을 떠났다. 엄마께서 교토는 일본의 옛 수도로, 유서 깊은 역사와 전통을 간직한 도시라고 알려 주셨다. [가깝고도 먼 나라 일본으로의 여행은 처음인데다가 오랜만에 아버지를 만나 뵐 수 있게 되어서 많은 기대가 되었다.]

글쓴이가 들른 장소 / 글쓴이가 보거나 들은 것 / 글쓴이의 생각이나 느낌

▶ 나는 가족과 함께 아버지가 계시는 교토로 여행을 떠났다.

공항으로 마중을 나오신 아버지께서는 먼저 우리를 (청수사)로 안내해 주셨다. 유네스코 세계 문화유산으로 지정된 청수사는 '맑은 물의 사찰'이라는 뜻으로, 일본에서 가장 아름다운 사찰이라고 한다. 숲이 우거진 언덕에 있는 청수사에 발을 들이는 순간, [고즈넉한 분위기에 취해 마치 과거로 시간 여행을 하는 듯한 착각이 들었다.] 절 안에는 폭포에서 흘러 내려오는 맑은 물이 3갈래로 갈라져 나오는 곳이 있는데, 각 갈래의 물을 마시면 '건강, 사랑, 학문' 중 하나가 좋아진다고 한다. 내 차례가 왔을 때 나는 고민하다가 '학문'을 상징하는 물을 마셨다. [그런 나를 보고 웃으시는 아버지를 보니 좀 멋쩍었다.]

▶ 청수사에서의 아름다운 경치를 감상하고 '학문'을 상징하는 물을 마셨다.

다음으로 우리는 (니넨자카와 산넨자카)를 방문했다. 각각 '2년 고개'와 '3년 고개'라는 뜻을 가진 이 거리에는 나무로 된 전통 양식의 상점들이 늘어서 있었다. 아기자기한 공예품 상점이나 작은 정원, 아늑한 다실 등 볼거리가 아주 많았다. 이 지역은 옛 거리의 모습을 간직하기 위해 전통 가옥 보존 지구로 지정되었다고 한다. [과거로부터 이어져 온 문화적 가치를 지키려고 노력하는 모습이 인상 깊었다.] 아버지께서 이 거리를 걷다가 넘어지면 2년이나 3년 동안 운수가 좋지 않다는 전설도 들려주셨다. 재미있는 이야기에 웃음이 나왔지만, 그 말씀을 들은 후로는 왠지 조심스럽게 걷게 되었다.

▶ 니넨자카와 산넨자카에서 전통 양식의 상점들을 보고 거리에 얽힌 전설을 들었다.

우리의 마지막 여행지는 (금각사)였다. 금각사의 원래 이름은 녹원사지만, 금각으로 불리는 사리전 건물이 유명해 금각사로 더 잘 알려져 있다고 한다. 금각이 유명한 이유는 건물 전체의 겉면에 금박을 씌웠기 때문이다. 건물을 덮는 데 약 20kg가량의 금이 사용되었다고 한다. 절의 입구를 돌아 들어가다 연못 한편에 우뚝 선 금각을 보게 된 순간, 나도 모르게 작은 탄성이 나왔다. [화려하게 빛나는 건물이 연못에 비쳐 일렁이는 모습이 너무나도 아름다워 한동안 눈을 뗄 수 없었다.]

▶ 금각사에서 금각사의 이름과 관련한 이야기를 듣고 아름다운 금각을 보았다.

일정을 마친 후 우리는 (작은 찻집)에 들러 이번 여행을 되돌아보았다. [교토 여행은 무엇보다 아버지와 함께할 수 있어서 좋았다. 오랜만에 만난 나를 안아 주시던 아버지의 가슴이 참 넓고 깊었다. 이번 여행은 오랫동안 기억에 남을 것 같다.]

▶ 일정을 마친 후 찻집에서 여행을 되돌아보았다.

구조 읽기

❶ 교토 ❷ 전설 ❸ 금각사

64~65쪽

1 (1) 올해 봄 (2) 교토 (3) 가족　**2** ①　**3** ③　**4** ④　**5** (1) ○
6 (1) ① (2) ③ (3) ②　**7 예시 답안 참고**

꼼꼼한 이해

중심 내용 파악하기

1 글쓴이는 올해 봄, 가족과 함께 아버지가 일하고 계시는 일본의 교토로 여행을 가 청수사, 니넨자카, 산넨자카, 금각사 등을 방문하였다.

세부 내용 파악하기

2 교토는 일본의 옛 수도이다.

② 금각사의 원래 이름은 녹원사지만, 금각으로 불리는 사리전 건물이 아주 유명해 금각사로 더 잘 알려져 있다.
③, ⑤ 니넨자카와 산넨자카는 각각 '2년 고개'와 '3년 고개'라는 뜻을 가진 거리로, 아기자기한 공예품 상점이나 작은 정원, 아늑한 다실 등이 곳곳에 있다.
④ 일본에서 가장 아름다운 사찰로 꼽히는 청수사는 유네스코 세계 문화유산으로 지정되었다.

개념의 적용

글쓴이의 경험 파악하기

3 글쓴이는 니넨자카와 산넨자카를 걷다 넘어지면 운수가 좋지 않다는 전설을 듣고 조심스럽게 걸었다. 글쓴이가 넘어질 뻔했다는 내용은 찾아볼 수 없다.

글쓴이의 생각이나 느낌 파악하기

4 ㉣은 금각사의 금각이 유명한 이유일 뿐 글쓴이의 생각이나 느낌은 아니다.

① 청수사를 처음 봤을 때의 느낌이 나타난다.
② 청수사에서 학문을 상징하는 물을 마시고 멋쩍어하고 있다.
③ 옛 거리를 지키려 노력하는 모습을 인상 깊게 느끼고 있다.
⑤ 금각사의 아름다움에 감탄하고 있다.

생각과 판단

적절하게 반응하기

5 글쓴이가 '가깝고도 먼 나라 일본'이라고 표현한 까닭을 역사적 사실을 토대로 알맞게 짐작하였다. 글쓴이가 방문한 장소들은 모두 과거의 가치를 보존하여 후손에 전해 주고 있는 곳이므로, 관광지를 현대적으로 개발해야 한다는 반응은 어울리지 않는다.

구체적 사례에 적용하기

6 서현에게는 화려한 금각의 모습이 인상적인 금각사를 추천하기 알맞다. 유준에게는 과거의 모습을 그대로 간직하고 있는 옛 거리인 니넨자카와 산넨자카를 추천할 수 있다. 은서에게는 폭포에서 내려온 물을 마시며 소망을 빌 수 있는 청수사를 추천할 수 있다.

달콤한 생각 펼치기

7 예시 답안

우리 학교에서 운동회가 열렸다. 학년별 경기에서 우리 학년은 큰 공 빨리 굴리기를 하였는데 아주 재미있었다. 경기 중간중간 춤 경연 대회가 있었는데 멋지게 춤을 추던 친구의 모습이 아주 인상적이었다. 이어달리기를 할 때 마지막까지 조마조마했던 그날의 기억을 오랫동안 잊지 못할 것 같다.

😆	최근에 다녀온 곳이나 경험한 일을 떠올려 체험과 감상이 잘 드러나도록 구체적으로 썼습니다.
🙂	최근에 다녀온 곳이나 경험한 일을 떠올려 체험한 일을 썼으나 그 일에 대한 감상이 드러나지 않습니다.
🙁	최근에 다녀온 곳이나 경험한 일을 떠올려 체험과 감상이 드러나는 글을 쓰지 못했습니다.

10 시에서 말하는 이

- 말하는 이에 ○
- 말하는 이가 바라는 것에 〰
- 재미있는 표현에 [ ]

✦ 새로 알게 된 낱말이나 어려운 낱말을 써 보세요.

3회독 ✦ 내가 표시한 내용과 예시 답을 비교하며 읽어 보세요.

가 참새들이 까분다

1연 참새들이 찔레나무 덤불로
마을 정자 지붕으로
감나무 가지로
우루루우루루 몰려다닌다

▶ 참새들이 여기저기 몰려다닌다.

2연 저렇게 돌아댕기지 말고
우리 집 배추밭
배추벌레나 잡아먹었으면
말하는 이가 바라는 것

▶ 참새들이 배추밭의 배추 벌레나 잡아먹었으면 좋겠다.

3연 (내)가 쫓아가면
말하는 이 - 참새를 쫓고 있는 사람
조금 더 멀리 날아가 앉고
조금 더 멀리 날아가 앉고

▶ 참새를 쫓으면 더 도망간다.

4연 [오늘따라 참새들이 나한테 더 까분다]
재미있는 표현 - 참새를 사람처럼 표현함.

▶ 참새들이 '나'한테 까부는 것처럼 느껴진다.

나 고슴도치

1연 1만 6천 개의 바늘로
온몸을 감싸고 있답니다

▶ '나'는 수많은 바늘로 온몸을 감싸고 있어요.

2연 제발 건드리지 마세요
말하는 이가 바라는 것
건드리면
(나)도 어쩔 수 없이
말하는 이 - 고슴도치

▶ '나'를 건드리지 마세요.

3연 [밤송이가 되어야 한답니다
재미있는 표현 - 가시를 밤송이와 바늘 뭉치에 빗대어 표현함.
바늘 뭉치가 되어야 한답니다]

▶ '나'를 건드리면 바늘을 세우게 됩니다.

구조 읽기

① 참새 ② 우리 집 ③ 바늘

70~71쪽

1 ⑤ **2** (1) ② (2) ① **3** (3) × **4** ㉰ **5** (1) ○ **6** 수현
7 **예시 답안 참고**

꼼꼼한 이해

흉내 내는 말의 의미 파악하기

1 ㉠은 앞과 뒤의 '참새들이'라는 표현과 '몰려다닌다'라는 표현을 통해 참새들이 무리 지어 날아다니는 모습을 흉내 낸 말임을 알 수 있다. '우루루'는 '우르르'가 바른 표현으로 '사람이나 동물 따위가 한꺼번에 움직이거나 한곳에 몰리는 모양.'을 뜻하는 말이다.

말하는 이의 바람 파악하기

2 시 가의 '나'는 참새들이 우리 집 배추밭의 배추벌레를 잡아먹기를 바라고 있고, 시 나의 '나'는 바늘을 세우지 않게 자신을 건드리지 않길 바라고 있다.

개념의 적용

말하는 이의 상황 파악하기

3 시 가의 말하는 이는 참새들이 괜히 돌아다니지 말고 우리 집 배추밭의 배추벌레나 잡아먹었으면 하고 바라고 있다. 참새들이 배추밭을 망가트릴 것을 걱정하는 말하는 이의 모습은 드러나지 않는다.

(1) '우리 집', '내가 쫓아가면' 등의 말에서 말하는 이가 참새를 쫓고 있음을 알 수 있다.
(2) '내가 쫓아가면' '조금 더 멀리 날아가 앉'는 참새들을 '까분다'라고 표현한 것을 통해 '나'가 쫓아가면 도망가는 참새들 때문에 약이 올랐음을 알 수 있다.

말하는 이 파악하기

4 1만 6천 개의 바늘로 온몸을 감싸고, 건드리면 밤송이나 바늘 뭉치처럼 변하는 '나'는 '고슴도치'이다.

생각과 판단

상대방의 생각 추론하기

5 **보기**의 말하는 이는 참새로, 먹이를 찾다 뛰어오는 소리에 놀라고 쫓아오는 녀석이 무서워 정자 지붕과 감나무 가지로 옮겨 앉고 있다. 시 가에서는 참새들이 몰려다니며 말하는 이인 '나'에게 까부는 것처럼 표현하였지만 **보기**의 참새 시선으로 보면 오히려 '나'가 무서워 도망을 친 것이라 이해할 수 있다.

시구의 의미 이해하기

6 ㉡은 고슴도치가 자신의 바늘을 세워 스스로를 보호하려는 모습을 '밤송이'와 '바늘 뭉치'에 빗대어 표현한 것이다.

달곰한 생각 펼치기

7 **예시 답안**

• 말하는 이: 연필

또르르르 똑 또 떨어졌어
동그란 나는
책에 치이고, 손에 치이고
자꾸 굴러 떨어져.

😆	말하는 이에 어울리는 시적 상황을 정하여 시를 자연스럽게 썼습니다.
🙂	말하는 이에 어울리는 시적 상황을 정하였으나 시의 표현이 자연스럽지 않습니다.
🙁	말하는 이와 시적 상황이 어울리지 않게 시를 썼습니다.

11 글의 짜임 - 원인과 결과

설명하려는 일에 ○
일이 일어난 원인에 〰
일의 결과가 드러난 부분에 [ ]

✦ 새로 알게 된 낱말이나 어려운 낱말을 써 보세요.

3회독 ✦ 내가 표시한 내용과 예시 답을 비교하며 읽어 보세요.

앗! 땅이 꺼졌어요

최근 서울 도심 한복판에 거대한 싱크홀이 발생해 도로를 달리던 승용차가 구멍에 빠지는 사고가 일어났어요. 싱크홀은 땅이 갑자기 꺼지면서 큰 구멍이 생기는 현상을 말해요. 대개 둥근 원통 모양 또는 원뿔 모양으로 지하에 공간이 생기는데, 그 깊이가 수백 미터에 이르기도 해요. 이런 현상은 세계 곳곳에서 발생하고 있으며, 우리나라에서도 최근 5년 동안 크고 작은 싱크홀이 1,200건 넘게 발생했어요. 그렇다면 (싱크홀은 왜 생기는 것일까요?)(설명하려는 일)

▶ 땅이 갑자기 꺼지면서 큰 구멍이 생기는 현상을 싱크홀이라고 해요.

먼저 자연적 원인을 들 수 있어요. 보통 땅속에 있던 지하수가 빠져나가면서 싱크홀이 생겨요.(일이 일어난 원인 ①) 땅 밑에는 지층 등이 어긋나며 갈라져 있는 지역이 있어요. 이곳을 지하수가 채우고 있다가 여러 가지 이유로 지하수가 사라지면 땅이 꺼지는 거예요. 땅속 깊은 곳은 높은 압력을 받고 있는데, 지하수가 이 압력을 버티고 있다가 사라지면 땅이 압력을 견디지 못하고 가라앉는 것이지요. 또 지하수는 땅속을 흐르면서 커다란 동굴을 만들기도 해요. 석회암 지역에 지하수가 흐르면, 지하수에 들어 있는 이산화 탄소 성분이 석회암을 녹이면서 동굴이 만들어져요. 이렇게 만들어진 석회 동굴이 지반의 무게를 이기지 못하고 무너져 내리면 싱크홀이 생겨요. 이 밖에도 지진이나 폭우로 인해 땅속에 빈 공간이 생겼다가 무너져 내려 싱크홀이 만들어지기도 해요.

▶ 싱크홀은 자연적 원인으로 생겨요.

그런데 요즈음 도심에서 발생하는 싱크홀은 인위적 원인 때문인 것이 많아요. 식수로 사용하려고 지하수를 너무 많이 뽑아 써서 땅속에 빈 공간이 생기고,(일이 일어난 원인 ②) 그 위에 지은 높은 건물의 무게를 견디지 못한 지반이 가라앉으면서 싱크홀이 생길 수 있어요. 또 건설 공사나 지하철 공사 등을 하면서 땅을 마구 파내 지하에 생긴 구멍이 무너지면서 싱크홀이 생기기도 해요. 낡은 상하수도관에서 물이 새어 나와 싱크홀이 생기는 경우도 많아요. 물이 새어 나오면 흙과 모래가 같이 쓸려 나가면서 땅속에 구멍이 생기고, 이것이 커져 싱크홀이 되는 거예요. 최근 우리나라 도심에서 발생한 싱크홀의 절반 이상이 상하수도관 때문이라는 분석도 있어요.

▶ 요즈음 싱크홀은 인위적 원인으로 많이 생겨요.

이처럼 싱크홀은 자연적 원인과 인위적 원인, 또는 이 두 가지가 복합적으로 작용하여 발생해요. 싱크홀은 큰 인명 피해와 재산 피해를 일으킬 수 있으므로 사고가 나기 전에 예방하는 것이 중요해요. [그래서 정부는 싱크홀 발생 기록과 지하수의 높이 변화, 지형의 특징 등을 종합적으로 분석해 싱크홀이 발생할 가능성이 높은 지역을 선정해요. 그 지역을 중심으로 싱크홀 위험 요인을 파악하고 위험도를 평가해 대비하고 있지요. 또한 도심의 상하수도관을 주기적으로 점검하는 등의 노력도 기울이고 있답니다.](일의 결과 - 정부의 예방책)

▶ 정부는 싱크홀로 인한 사고를 예방하기 위해 많은 노력을 기울여요.

구조 읽기

❶ 싱크홀 ❷ 자연적 ❸ 인위적

78~79쪽

1 땅, 큰 구멍　2 ②　3 (1) ○　4 (1) ㉮, ㉯, ㉱ (2) ㉰, ㉲, ㉳
5 (3) ○　6 시후　7 예시 답안 참고

꼼꼼한 이해

중심 내용 파악하기

1 1문단에서 싱크홀의 뜻을 확인할 수 있는데, 싱크홀이란 땅이 갑자기 꺼지면서 큰 구멍이 생기는 현상을 말한다.

세부 내용 파악하기

2 우리나라 도심에서 발생한 싱크홀의 절반 이상이 상하수도관 때문이라고 하였다.

① 땅속 깊은 곳은 높은 압력을 받고 있는데, 지하수가 이 압력을 버티고 있다가 사라지면 싱크홀이 생긴다.
③ 석회암 지역에 지하수가 흐르면, 지하수에 들어 있는 이산화 탄소 성분이 석회암을 녹이면서 동굴이 만들어진다.
④ 우리나라에서는 최근 5년 동안 크고 작은 싱크홀이 1,200건 넘게 발생했다.
⑤ 최근 우리나라 도심에서 발생한 싱크홀의 절반 이상이 상하수도관 때문이라는 분석이 있으므로 상하수도관을 주기적으로 점검하는 것이 필요하다.

개념의 적용

글의 짜임 파악하기

3 최근 서울 도심에서 나타난 싱크홀의 사례를 보여 주며 세계 곳곳에서 싱크홀이 발생하고 있다는 문제를 제시하였다. 그런 다음 싱크홀의 발생 원인을 자연적 요인과 인위적 요인으로 나누어 자세히 살펴보고 있다.

(3) 싱크홀이 무엇인지 그 뜻을 설명하고 싱크홀 발생으로 인한 피해 사례를 제시하고 있지만 싱크홀 발생으로 인한 피해를 자세히 알아본 것은 아니다.

일의 원인 파악하기

4 땅속 지하수가 빠져나가는 것, 석회 동굴이 무너지는 것, 지진이나 폭우로 땅속 공간이 생겨 무너지는 것은 싱크홀 발생의 자연적 원인이다. 지하수를 뽑아 쓰는 것, 건설 공사나 지하철 공사로 땅에 구멍이 생기는 것, 노후화된 상하수도관에서 누수가 발생하는 것은 싱크홀 발생의 인위적 원인에 해당한다.

생각과 판단

구체적 사례 적용하기

5 제시된 기사는 심한 폭우라는 자연적 원인과 지하철 공사라는 인위적 원인이 함께 작용해 서울 시내에 싱크홀이 발생했다는 내용이다. 따라서 이 기사는 복합적 요인 때문에 싱크홀이 발생한 사례로 제시할 수 있다.

일의 결과 추론하기

6 싱크홀은 땅이 갑자기 꺼지면서 큰 구멍이 생기는 현상이다. 갑자기 땅이 꺼지거나 큰 구멍이 생기면 구멍에 사람이 빠져 다치거나 건물이 기울어지거나 무너지는 등의 피해가 발생할 수 있다.

달콤한 생각 펼치기

7 예시 답안

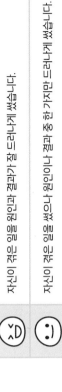

매일매일 줄넘기 연습을 열심히 했습니다. 그래서 오늘 체육 시간에 선생님께 줄넘기를 잘한다고 칭찬을 받았습니다.

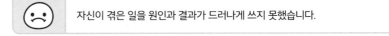

😆	자신이 겪은 일을 원인과 결과가 잘 드러나게 썼습니다.
🙂	자신이 겪은 일을 썼으나 원인이나 결과 중 한 가지만 드러나게 썼습니다.
🙁	자신이 겪은 일을 원인과 결과가 드러나게 쓰지 못했습니다.

12 발표문의 특징

- 발표의 주제에 ○
- 발표의 목적에 〰
- 발표의 중심 내용에 [ ]

✦ 새로 알게 된 낱말이나 어려운 낱말을 써 보세요.

3회독 ✦ 내가 표시한 내용과 예시 답을 비교하며 읽어 보세요.

오늘부터 '잘' 들어 볼까요?

여러분은 오늘 하루 동안 얼마나 많은 대화를 했나요? 친구들과 가벼운 인사를 나누는 일부터 마음속에 있는 말을 털어놓기까지 생각보다 많은 대화를 나누었을 것입니다. 대화는 사람들과 함께 살아가는 데 꼭 필요한 것이며, 좋은 관계를 형성할 수 있는 기본적인 방법입니다.

▶ 대화는 사람들과 좋은 관계를 형성하는 기본적인 방법입니다.

대화는 '말하기'와 '듣기'로 이루어집니다. 내가 말할 때는 상대방이 들어 주고, 상대가 말할 때는 내가 들어 주면서 대화가 이어집니다. 저는 이 과정에서 말하기보다 듣기가 더 중요하다고 생각합니다. 그러나 '어떻게 하면 더 잘 말할 수 있을까?'를 고민하는 사람은 많지만, '어떻게 하면 더 잘 들을 수 있을까?'를 고민하는 사람은 드뭅니다. 그래서 오늘 저는 ('잘 듣는 방법')(발표의 주제)에 대해 이야기하려고 합니다.

▶ 대화할 때 말하기보다 듣기가 더 중요합니다.

잘 듣기 위해 가장 기본이 되는 것은 자세입니다. [대화가 시작되면 상대방을 바라보며 상대의 말에 귀를 기울여야 합니다.](발표의 중심 내용: 잘 듣는 방법 - 상대방을 바라보며 상대의 말에 귀 기울이기) '나는 네 얘기를 들을 준비가 되었어.'라는 것을 자세로 보여 주는 것이죠. 그리고 상대방의 말을 끝까지 들어야 합니다. 말을 듣다 보면 '어? 그게 아닌데.'라거나 '아, 난 그렇게 생각하지 않는데.'와 같이 상대방이 하는 말에 대한 생각과 판단이 불쑥불쑥 머릿속에 떠오를 수도 있습니다. 그럴 때마다 [상대방의 말을 끊고 내 생각을 말하기보다는, 상대방이 충분히 이야기할 수 있도록 끝까지 들어야 합니다. 그 후 자신의 의견을 덧붙이는 것이 좋습니다.](잘 듣는 방법 - 상대방의 말을 끝까지 듣기)

▶ 대화를 시작하면 상대방을 바라보며 끝까지 듣습니다.

적절한 반응을 보이며 듣는 것도 중요합니다. 다음 상황을 한번 보세요.

어떤 상황이 대화가 더 잘 이루어지는 것 같나요? [고개를 끄덕이거나 알맞은 표정을 짓고, 맞장구를 치는 등의 반응](잘 듣는 방법 - 적절한 반응 보이기)을 보이면, 말하는 사람은 듣는 사람이 진심으로 나의 이야기에 귀를 기울이고 있다고 느낄 것입니다. 마지막으로 [상대방의 이야기가 끝났을 때, 내가 듣고 이해한 내용을 요약해서 말해 줍니다.](잘 듣는 방법 - 이해한 내용 요약해 말해 주기) 이렇게 하면 내가 잘못 들은 부분이 없는지, 상대방의 말을 제대로 이해했는지 확인할 수 있습니다.

▶ 상대방이 이야기하는 동안 적절한 반응을 보이고 들은 내용을 요약해서 말해 줍니다.

잘 듣는 것은 단순히 대화를 잘하는 것 이상의 의미를 지닙니다. 이는 상대방에 대한 존중과 관심의 표현이며, 상대방의 마음을 이해하고 공감하는 첫걸음입니다. 우리가 매일 나누는 대화 속에서 '잘 듣기'를 실천한다면, 소통이 더욱 잘되어서 주변 사람들과 좋은 관계를 유지하는 데 도움이 될 것입니다.

오늘부터 상대방의 이야기에 더 집중하며 말을 진심으로 들어 주는 연습을 해 보는 것은 어떨까요?(발표의 목적 - 듣기의 중요성을 알고 상대방의 이야기를 잘 듣기를 제안함.)

▶ 잘 듣기를 실천하면 더 좋은 인간 관계를 유지할 수 있습니다.

구조 읽기

① 말하기 ② 바라보기 ③ 요약

84~85쪽

1 (3) ○　2 ④　3 (3) ○　4 윤정　5 (2) ○　6 ②
7 예시 답안 참고

꼼꼼한 이해

주제 파악하기

1 발표문에서는 듣기의 중요성을 강조하고 대화할 때 상대방의 이야기를 어떻게 하면 잘 들을 수 있는지 말하고 있다.

세부 내용 파악하기

2 상대방의 말을 듣다가 떠오르는 내용이 있더라도 중간에 상대방의 말을 끊지 않고 끝까지 들은 후 자신의 의견을 말하는 것이 좋다고 하였다.
① 대화를 시작하면 상대방을 바라보며 상대방의 말에 귀를 기울이라고 하였다.
②, ③ 상대방의 말에 고개를 끄덕이거나 알맞은 표정을 짓고, 맞장구를 치는 등의 반응을 보여 이야기에 집중하고 있음을 드러내라고 하였다.
⑤ 내가 듣고 이해한 내용을 요약해서 말해 주면 자신이 잘못 들은 부분이 없는지, 상대방의 말을 제대로 이해했는지 확인할 수 있다고 하였다.

개념의 적용

질문의 의도 파악하기

3 발표문에서는 오늘 하루 동안 얼마나 많은 대화를 했는지 질문을 던지며 발표를 시작하고 있다. 이를 통해 듣는 사람들의 관심을 끌고 발표 내용에 집중하도록 유도하고 있다.

말하기 방식 파악하기

4 발표문의 처음 부분에서는 질문을 통해 말하려는 내용에 대한 관심을 끌고, 가운데 부분에서는 말하려는 내용을 자세히 설명하고 있다. 끝부분에서는 중요한 내용을 강조하며 발표를 마무리하고 있다.
• 연규: 전문가의 말을 인용한 부분은 찾아볼 수 없다. 처음 부분에서는 가벼운 질문으로 듣는 사람의 관심을 이끌고 있다.
• 승호: 가운데 부분에서는 잘 듣기 위한 구체적인 방법을 제시하고 있다. 발표자의 경험을 시간 순서대로 설명한 부분은 찾아볼 수 없다.

생각과 판단

내용 추론하기

5 대화를 하면서 적절한 반응을 보이지 못할 때 오해가 쌓이고 갈등이 생길 수 있다는 제시 글의 내용으로 보아 말하기보다 듣기가 더 중요하다고 생각하는 발표자의 의도를 파악할 수 있다.

구체적 사례에 적용하기

6 도준이는 서율이가 말하는 중간에 자신의 얘기부터 들어 보라며 끼어들고 있다. 이러한 상황에서 도준에게는 상대방의 말을 끊지 않고 끝까지 경청할 것을 조언할 수 있다.

달공한 생각 펼치기

7 예시 답안

• 가장 기억에 남는 대화: 친구와 방학 때 하고 싶은 일에 관해 이야기를 나누었는데 놀이공원 가기, 좋아하는 아이돌 콘서트 가기 등의 바람을 이야기하였다.
• 나의 듣기 태도: 나는 친구가 이야기할 때 중간중간 스마트폰을 확인하며 들었다. 친구의 말에 집중하지 않고 공감해 주지 못한 것 같아 미안했다.

😆	기억에 남는 대화를 요약했고 자신의 듣기 태도를 평가하는 글을 적절하게 썼습니다.
🙂	기억에 남는 대화를 요약했으나 자신의 듣기 태도를 적절하게 평가하는 글을 쓰지 못했습니다.
🙁	기억에 남는 대화와 자신의 듣기 태도를 평가하는 글을 제대로 완성하지 못했습니다.

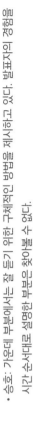

13 제안하는 글의 특징

문제 상황에 ○
제안하는 내용에 〰
제안하는 까닭에 [ ]

✦ 새로 알게 된 낱말이나 어려운 낱말을 써 보세요.

3회독 ✦ 내가 표시한 내용과 예시 답을 비교하며 읽어 보세요.

투명 페트병만 따로 버리게 해 주세요

존경하는 교장 선생님, 저는 4학년 2반 김수현입니다. 저는 교장 선생님께 우리 학교의 플라스틱 분리배출 상황과 문제점을 말씀드리려고 합니다. 그리고 이를 고치기 위해 투명 페트병을 따로 분리배출할 수 있도록 장소를 마련할 것을 제안합니다.

▶ 교장 선생님께 투명 페트병을 따로 분리배출할 장소 마련을 제안합니다.

수업 시간에 환경에 대해 공부하면서 플라스틱 쓰레기 문제의 심각성을 알게 되었습니다. 태평양 바다에는 지도에도 없는 플라스틱 섬이 있으며, 수많은 바다 생물이 플라스틱 쓰레기 때문에 죽어 가고 있다고 합니다. 저는 무심코 버리는 쓰레기가 쌓여 지구를 아프게 하고 다른 생물들을 병들게 한다는 사실에 놀랐습니다.

▶ 플라스틱 쓰레기 문제가 심각합니다.

플라스틱 쓰레기 문제를 해결하기 위해서는 플라스틱 사용을 줄이는 것이 가장 좋지만, 다 쓴 플라스틱을 다시 사용하는 일도 중요합니다. 특히 투명 페트병은 플라스틱 종류 중에서도 재활용 가치가 높으므로 다른 플라스틱과 같이 버리지 않고 꼭 분리배출해야 합니다.

▶ 투명 플라스틱을 재활용할 수 있도록 분리배출해야 합니다.

플라스틱 쓰레기 중 투명 페트병은 식품 용기로 재활용할 수도 있고, 폴리에스터 섬유 원사 같은 재생 원료로 바꾸어 의류와 가방을 만들 수도 있습니다. 이러한 장점 때문에 환경부에서는 2020년 12월부터 투명 페트병을 따로 모아서 재생 원료를 확보하려고 노력하고 있습니다.

▶ 플라스틱 쓰레기 중에서 투명 페트병은 재활용 가치가 높습니다.

(하지만 현재 우리 학교에는 플라스틱 분리배출 장소만 있을 뿐, 투명 페트병을 분리배출할 수 있는 장소가 마련되어 있지 않습니다. 그래서 투명 페트병을 다른 플라스틱과 섞어서 버릴 수밖에 없습니다.) 문제 상황

저희는 수업 시간에 쓰레기를 종류에 따라 분리하여 배출하는 방법을 배웠습니다. 투명 페트병은 내용물을 비우고 물로 깨끗하게 씻은 뒤, 겉면에 붙어 있는 라벨을 떼어 내고, 최대한 압축하여 뚜껑을 닫은 후 버려야 합니다. 저는 학교에서 배운 내용을 실천하고, 깨끗한 지구를 만드는 일에 동참하고 싶습니다.

▶ 투명 페트병을 분리배출할 장소가 없어 학교에서 배운 내용을 실천할 수가 없습니다.

우리 학교에도 투명 페트병을 분리배출할 수 있는 장소가 마련되면 좋겠습니다. 일부 지자체나 공동주택에서는 투명 페트병 분리배출함을 설치하여 운영하고 있습니다. 이러한 사례를 참고하여, 우리 학교에도 학생들이 분리배출에 참여할 수 있는 공간을 만들어 투명 페트병 분리배출함을 설치해 주세요. 제안하는 내용

▶ 우리 학교에 투명 페트병 분리배출 공간을 마련해 분리배출함을 설치해 주세요.

학생들도 투명 페트병 분리배출에 참여하여, [재생 자원을 활용하고 환경을 보호하는 일에 동참해야] 합니다. [배움의 장인 학교에서부터 쓰레기를 재활용하여 지속 가능한 깨끗한 지구를 만드는 일에 힘을 보탤 수 있도록] 교장 선생님의 적극적인 지원을 부탁드립니다. 제안하는 까닭

감사합니다.

▶ 학생들이 투명 페트병을 분리배출할 수 있도록 교장 선생님의 지원을 부탁드립니다.

구조 읽기

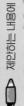

① 투명 페트병 ② 분리배출함 ③ 식품 용기

90~91쪽

1 (3) × 2 ⑤ 3 (3) ○ 4 ① 플라스틱 ② 분리배출 5 (2) ○
6 ㉯ 7 예시 답안 참고

꼼꼼한 이해

낱말의 뜻 알기

1 이 글의 3문단에서 '재생'은 '낡거나 못 쓰게 된 물건을 가공하여 다시 쓰게 함.'의 뜻으로 사용되었다. 이에 반해 (2)에서 '재생'은 '상실되거나 손상된 생물체의 한 부분에 새로운 조직이 생겨 다시 자라남. 또는 그런 현상.'을 일컫는 뜻으로 사용되었다.

(1) 밑줄 친 낱말과 이 글에서 모두 '쓰레기 따위를 종류별로 나누어서 버림.'의 뜻으로 사용되었다.

(2) 밑줄 친 낱말과 이 글에서 모두 '폐품 따위를 용도를 바꾸거나 가공하여 다시 씀.'의 뜻으로 사용되었다.

세부 내용 파악하기

2 글쓴이의 학교에는 쓰레기 분리배출 장소가 마련되어 있다. 글쓴이는 투명 플라스틱을 다른 플라스틱과 구별해 배출할 수 있도록 별도의 분리배출 장소를 마련해 투명 플라스틱 분리배출함을 설치해 줄 것을 교장 선생님께 요청하였다.

개념의 적용

글의 목적 파악하기

3 글쓴이는 학교에 플라스틱 분리배출 장소만 있을 뿐, 투명 페트병을 분리배출할 수 있는 장소가 마련되어 있지 않아 투명 페트병을 다른 플라스틱 종류와 섞어서 버릴 수밖에 없는 불편함을 개선하기 위해 이 글을 쓴 것이다.

글의 구조 파악하기

4 이 글은 제안하는 글로, 글쓴이는 학교에 투명 페트병 분리배출 장소가 없어 투명 페트병이 다른 플라스틱과 섞여 버려지는 문제 상황을 해결하기 위해 분리배출 장소를 마련해 투명 페트병 분리배출함을 설치해 달라고 제안하고 있다. 제안하는 까닭으로 재생 자원을 활용해 환경 보호에 동참하고 깨끗한 지구를 만드는 데 기여할 수 있다는 것을 제시하고 있다.

생각과 판단

예상되는 문제점 추론하기

5 ㉠은 **보기**에서 설명하고 있는 것과 같이 바다에 버려진 플라스틱 쓰레기가 모여 만들어진 거대한 쓰레기 더미이다. 쓰레기 섬의 플라스틱이 조금씩 작은 조각으로 부서져 바닷물에 섞여 바닷새와 물고기의 생명을 위협하고 인간에게도 악영향을 미칠 것임을 예상할 수 있다.

글 내용의 적절성 판단하기

6 ㉯에서 글쓴이가 학생들에게 제안하는 내용은 플라스틱류와 종이류를 구분하여 배출하자는 것이므로 이 글의 제안과 알맞지 않다.

㉮, ㉰: ㉮는 글쓴이가 교장 선생님께 제안한 내용이며 ㉰는 제안하는 까닭을 구체적으로 밝힌 것으로 모두 투명 페트병 분리배출에 관한 내용이다.

달곰한 생각 펼치기

7 **예시 답안**

• 문제 상황: 요즘 교실에서 친구들이 올바르지 않은 언어를 많이 사용하여 친구들 간의 다툼이 자주 일어나고 있다.

• 제안하는 내용: 교실에서 고운 말을 사용하자. 고운 말을 사용하면 교실 분위기도 좋아지고, 친구들과 더 사이좋게 지낼 수 있을 것이다.

(웃는 얼굴)	바꾸고 싶은 문제 상황을 제시하고 해결 방안을 제안하는 내용을 알맞게 썼습니다.
(보통 얼굴)	바꾸고 싶은 문제 상황은 제시했으나 해결 방안으로 제안한 내용이 알맞지 않습니다.
(찡그린 얼굴)	바꾸고 싶은 문제 상황을 제시하지 못했습니다.

14 서술자의 위치

- 이야기의 서술자에 ○
- 중심 사건에 ∼
- 서술자의 마음이 드러나는 부분에 [ ]

✦ 새로 알게 된 낱말이나 어려운 낱말을 써 보세요.

3회독 ✦ 내가 표시한 내용과 예시 답을 비교하며 읽어 보세요.

바꿔!

떨고 있는 엄마를 안심시키려면 어제 있었던 일을 모두 말해 주는 수밖에 없었어. (나)는 '바꿔!' 앱을 발견한 일부터 자초지종을 전부 들려줬지. 엄마는 내 애기를 듣고도 믿지 못하는 분위기였어.
(이야기의 서술자)

"세상에, 그런 앱이 어디 있어?"

"보면 몰라? 여기 있잖아. 그래서 엄마랑 나랑 몸이 바뀐 거고."
(중심 사건 - 엄마와 '나'의 몸이 바뀜.)

인정할 수밖에 없는 현실 때문인지 엄마 눈동자가 파르르 떨리고 있었어.

"……이거 꿈은 아니지?"

나는 곧장 엄마 볼을 확 잡아당겼어. / "아악!"

엄마가 요란한 비명을 질러 댔어. 감정을 너무 실었나? 엄마가 뺨을 어루만지면서 또 물었어.

"그러면 바로 되돌릴 수도 있는 거니?" / "당연하지."

▶ '바꿔!' 앱으로 엄마와 '나'의 몸이 바뀌었어.

테스트는 이걸로 대성공이니까 빨리 되돌려야 했어. 나는 책상에 있는 스마트폰을 들고 와서 '바꿔!' 앱을 열었지. 붉은색으로 바뀐 화면이 지금 우리가 몸이 바뀐 상태라는 걸 알려 주고 있었어. 되돌리려면 스위치를 'ON'으로 누르고 엄마랑 일 분 이상 통화하면 돼. 나는 곧장 스위치를 눌렀지. / "어?"

[그 순간 당황한 건 엄마가 아니라 나였어. 스위치가 켜지지 않는 거야. 몇 번이고 눌렀는데도 소용없었어. 엄마는 영문도 모른 채 스마트폰 화면만 바라보고 있었지. 점점 식은땀이 나기 시작했어.]
(서술자의 마음이 드러나는 부분: '나'의 마음 - 당황함)
(중심 사건 - 앱의 스위치가 켜지지 않음.)

"왜 그래? 빨리 바꿔. 엄마 아침밥 차리게." / "자, 잠깐만."

▶ '나'는 바뀐 몸을 되돌리려고 했지만 소용이 없었어.

예상치 못한 일이라 나는 앱을 다시 샅샅이 뒤져 보았어. 맨 밑에 작게 '개발자의 말'이라고 쓰인 메뉴가 보이더라고. 곧장 눌러 들어가 봤어.

바꿔! 앱을 이용해 주셔서 감사합니다.

이 애플리케이션은 테스트 버전으로 특별한 사람에게만 제공하고 있습니다.

테스트 버전은 1회만 사용 가능하며, 되돌리기까지는 최소 7일이 소요되니 유의해서 사용하시기 바랍니다.
(중심 사건 - 몸을 되돌리는 데 최소 7일을 기다려야 함.)

추후 정식 버전이 출시될 예정이니 기다려 주시면 대단히 감사하겠습니다.

▶ 테스트 버전이라 되돌리기까지 최소 7일이 걸린다는 것을 알게 되었어.

["뭐! 치, 칠 일?"

나도 모르게 소리쳤어. 머리가 띵하더라고. 다운 받을 땐 그런 안내가 없더니 이렇게 찾기 힘든 곳에 중요한 내용을 적어 놓으면 어떡해! 만약 개발자의 연락처가 적혀 있었다면 당장 전화해서 항의했을 거야.] 엄마가 얼빠진 목소리로 중얼거렸어. / "……일주일이나 이 상태로 지내야 한다니."

[정말 맥이 탁 풀리는 기분이었어.] 엄마 얼굴도 울상이 되었지. 나는 한참을 침묵하다 달랜답시고 말했어. / "어쩌면 재미있을지도 몰라."

엄마가 뭐라 쏘아붙이려던 그때, 방문이 벌컥 열렸어. 우리는 화들짝 놀라 그곳을 바라봤지. 아빠와 오빠가 똑같이 배를 어루만지며 서 있었어.

"배고파. 밥 언제 먹어?"

[아빠의 말에 누가 대답해야 할지 몰라서 엄마와 나는 서로 마주 보았어. 그러고는 둘 다 일어나 부엌으로 향했지. 의심받지 않으려면 일단 같이 움직이는 수밖에 없었어. 아아, 어쩌다 일이 이렇게 꼬여 버린 걸까.]

▶ '나'와 엄마는 당황했고, 아빠와 오빠에게 들키지 않으려 애를 썼어.

구조 읽기

① 바꿔 ② 개발자

96~97쪽

1 (1)○ **2** ④ **3** ⑤ **4** (2)○ **5** 연서 **6** ①, ③
7 **예시 답안 참고**

꼼꼼한 이해

중심 사건 파악하기

1 '나'는 '바꿔!' 앱을 발견하고 이를 이용해 엄마와 몸을 바꾸었다.

이야기의 내용 파악하기

2 '개발자의 말'에서 지금 '나'가 사용한 앱이 테스트 버전이라는 것을 알 수 있다. 테스트 버전은 1회만 사용이 가능하고 바뀐 몸을 되돌리는 데 최소 7일이 소요된다.

① 붉은색으로 바뀐 화면이 지금 '나'와 엄마 몸이 바뀐 상태라는 걸 알려 준다고 하였다.
② 엄마는 '나'의 이야기를 듣고도 처음에는 믿지 못하셨다.
③ '나'는 바뀐 몸을 되돌리는 스위치를 눌렀지만 소용없었다.
⑤ 아빠와 오빠는 '나'와 엄마의 몸이 바뀐 것을 눈치채지 못하였다.

개념의 적용

서술자 이해하기

3 이 이야기의 서술자는 '나'로, 이야기 안에서 자신이 겪고 보고 느낀 것들을 직접 이야기하고 있다.

④ '나'가 자신의 속마음을 직접 전해 주고 있어 독자는 '나'의 마음을 이해할 수 있다.

서술자의 위치 파악하기

4 ㉮의 서술자는 이야기 안에 있는 '나'인데 제시된 글에는 '나'가 등장하지 않는다. 제시된 글은 서술자가 이야기 밖에서 사건을 관찰하여 전달하고 있다.

(1) '나'가 작품 안에서 자신이 보고 느낀 것을 직접 전달할 때 독자들은 이야기를 더 사실적으로 느낀다.

생각과 판단

글의 내용 추측하기

5 '나'가 '바꿔!' 앱을 발견한 일부터 자초지종을 전부 들려줬다고 하였으므로 엄마와 자신의 몸이 바뀌게 된 이유를 이야기해 주었을 것이라 짐작할 수 있다.

인물의 마음 추론하기

6 '나'가 엄마와 몸이 바뀐 상황을 두고 재미있을지도 모른다고 말한 것은 '한참을 침묵하다 달랜답시고 말했어.'에서 알 수 있듯이 엄마를 위로하려는 의도에서 한 말이다. 이를 통해 '나'의 긍정적인 성격을 짐작할 수 있다.

달곰한 생각 펼치기

7 **예시 답안**

- 몸을 바꾸고 싶은 사람: 손흥민 선수
- 하고 싶은 일: 프리미어 리그에서 세계적인 선수들과 경기를 뛰며 멋진 골을 넣고 수많은 관중들의 환호를 받으며 '찰칵' 세레머니를 하고 싶다.

😆	몸을 바꾸고 싶은 사람과 하고 싶은 일을 구체적으로 연결 지어 썼습니다.
🙂	몸을 바꾸고 싶은 사람과 하고 싶은 일을 썼으나 자연스럽게 연결 지어 쓰지 못했습니다.
🙁	몸을 바꾸고 싶은 사람만 썼습니다.

15 토의의 특징

- 토의 주제에 ○
- 토의 주제에 대한 의견에 〰
- 토의에서 결정한 내용에 [ ]

✦ 새로 알게 된 낱말이나 어려운 낱말을 써 보세요.

3회독 ✦ 내가 표시한 내용과 예시 답을 비교하며 읽어 보세요.

폐교를 어떻게 활용할까?

사회자: 오늘은 (폐교가 된 우리 마을의 □□ 초등학교를 어떻게 활용할지)(토의 주제) 의논하기 위해 모였습니다. 학생 수 감소로 인해 학교가 폐교된 지 벌써 3년이 지났지만, 아직 어떻게 사용할지 방법을 찾지 못한 채 방치되고 있습니다. 평소 생각하고 계셨던 폐교 활용 방법을 이야기해 주시면, 의견의 장단점을 살펴 폐교 활용 방법을 결정하도록 하겠습니다.

▶ 우리 마을의 폐교를 어떻게 활용할까요?

조경인: 저는 우리 마을의 폐교를 농촌 체험 학습장으로 운영했으면 합니다.(토의 주제에 대한 의견) 폐교를 이용해 도시 학생들에게 떡메 치기, 농사 체험, 송사리 잡기 등의 체험 기회를 제공하면 어떨까요? 도시 학생들에겐 농촌을 즐겁게 체험할 수 있는 기회를 제공하고, 우리 군은 농촌 체험 학습장 운영 수익을 거두어 마을 수입에 보탤 수 있을 것입니다.

김민철: 도시 학생들을 위한 체험의 장으로 활용하기보다 주민들이 직접 폐교를 이용하는 것이 좋지 않을까요? 저는 우리 마을의 폐교를 노인들을 위한 공간으로 이용하면 좋겠습니다. 우리 군은 현재 노인 인구가 무척 많습니다. 그렇지만 노인들이 무언가를 배우거나 모여서 함께 즐길 수 있는 장소는 부족합니다. 폐교를 노인 대학으로 만들어 어르신 교육을 진행하면 주민들의 만족도가 높을 것입니다.

고혜숙: 저는 폐교를 미술관으로 활용하였으면 해요. 이웃 마을에서는 폐교를 미술관으로 활용하고 있어요. 아름다운 작품을 전시해 주민들뿐 아니라 전국 각지에서 사람들이 몰려드는 관광 명소가 되었지요. 우리도 폐교를 미술관으로 활용한다면 관광객들을 끌어모으고, 주민들의 문화 수준까지 끌어올릴 수 있을 거예요.

▶ 폐교를 농촌 체험 학습장, 노인들을 위한 공간, 미술관으로 활용합시다.

사회자: 다들 좋은 의견을 말씀해 주셨네요. 지금부터 농촌 체험 학습장, 노인 대학, 미술관 세 가지 의견 중에서 어떤 안이 가장 적절할지 의논해 보겠습니다. 앞서 말씀하신 의견들을 '우리 마을 사람에게 도움이 되는가?', '현실적으로 가능한가?'의 두 가지 기준에 따라 생각해 보았으면 합니다.

임태현: 미술관은 현실성이 떨어집니다. 작품을 사들이고 관리하려면 많은 예산이 필요한데, 현재 군청 예산이 빠듯해요.

경규리: 농촌 체험 학습장도 우리 마을 사람들에게 그다지 도움이 되지 않아요. 이미 농촌에 사는 우리가 농촌 체험을 할 일이 없고, 마을 수익 사업으로나 활용할 수 있을 뿐이죠. 노인 대학으로 활용하면 노인이 많은 우리 마을의 각 가정에 도움이 될 거예요. 또 폐교는 원래 교육 시설이었으므로 공간을 활용하기에도 수월합니다.

임태현: 저도 노인 대학으로 활용하는 것에 동의합니다. 다만 노인뿐 아니라 나이에 상관없이 마을 사람들 모두 교육을 받을 수 있으면 좋겠어요.

▶ 노인 대학으로 활용하면 각 가정에 도움이 되고 공간 활용도 수월합니다.

사회자: 네. 노인 대학은 우리 마을 사람 모두에게 도움이 되고, 현실적으로도 가능해 보이네요. 또 다른 의견이 있으신가요? 없으시면 [우리 마을의 폐교를 노인 대학으로 활용하는 방법에 대해 군청 관계자들과 의견을 나누어 보도록 하겠습니다.](토의에서 결정한 내용) 긴 시간 토의에 참여해 주셔서 감사합니다.

▶ 관계자들과 노인 대학으로 활용하는 방법을 찾아보도록 하겠습니다.

구조 읽기

❶ 폐교 ❷ 현실 ❸ 노인 대학

102~103쪽

1 (3) ○ **2** ② **3** ④, ⑤ **4** (1) ㉮ × ㉯ ○ (2) ㉮ ○ ㉯ × (3) ㉮ ○ ㉯ ○ **5** (3) ○ **6** ③ **7** **예시 답안** 참고

꼼꼼한 이해

주제 파악하기

1 3년 전 폐교가 된 초등학교를 어떻게 활용할지에 대해 토의하고 있다.

세부 내용 파악하기

2 현재 군청 예산이 빠듯하여 미술관으로의 활용이 어렵다는 임태현의 말로 보아 마을의 예산이 넉넉하지 않다는 것을 알 수 있다.

① 폐교를 농촌 체험 학습장으로 활용하자는 조경인의 의견에서 알 수 있다.
③ 우리 군은 현재 노인 인구가 무척 많다는 김민철의 의견에서 알 수 있다.
④ 이웃 마을에선 폐교를 미술관으로 활용하여 전국 각지에서 사람들이 몰려드는 관광 명소가 되었다는 고혜숙의 의견에서 알 수 있다.
⑤ 학생 수 감소로 인해 학교가 폐교된 지 벌써 3년이 지났다는 사회자의 말에서 알 수 있다.

개념의 적용

의견에 대한 까닭 파악하기

3 조경인이 폐교를 농촌 체험 학습장으로 활용하면 도시 학생들에겐 농촌을 즐겁게 체험할 수 있는 기회를 제공하고, 우리 군은 운영 수익을 거둘 수 있을 것이라고 하였다.

② 폐교를 미술관으로 활용했을 때의 좋은 점이다.
③ 폐교를 노인 대학으로 활용했을 때의 좋은 점이다.

의견에 대해 평가하기

4 농촌 체험 학습장은 마을 사람들에게 그다지 도움이 되지 않고, 미술관은 예산상 현실성이 떨어진다. 노인 대학으로의 활용은 마을 사람 모두에게 도움이 되고, 현실적으로도 가능하다고 하였다.

생각과 판단

의견에 대한 근거 적용하기

5 세계적인 화가가 고향인 □□군에 자신의 작품을 기부하기로 했다는 내용의 기사이므로 폐교를 미술관으로 활용하자는 고혜숙이 근거로 사용할 수 있다. 작품을 사들이고 관리하기 위한 예산 문제를 어느 정도 해결할 수 있다는 것을 보여 주는 사례이기 때문이다.

이어질 토의 주제 추론하기

6 폐교를 노인 대학으로 활용하는 것이 결정되었으므로, 다음에는 '노인 대학에서 어떤 내용의 교육을 할 것인가?'를 주제로 토의하는 것이 알맞다.

달곰한 생각 펼치기

7 **예시 답안**

마을 도서관 / 마을에 도서관이 있으면 삶이 풍요로워지는데, 새로운 도서관을 짓는 것보다 폐교를 활용하는 것이 쉽기 때문이다. 폐교의 건물을 책을 빌릴 수 있는 곳, 책을 읽고 공부를 하거나 휴식을 취할 수 있는 공간으로 바꾸면 마을 사람들 모두 이용할 수 있고, 방치된 폐교 건물도 활용할 수 있다.

😆	폐교의 활용 방안을 제시하고 의견을 뒷받침하는 이유도 설득력 있게 제시했습니다.
🙂	폐교를 활용하는 방안을 제시했으나, 의견을 뒷받침하는 이유를 설득력 있게 제시하지 못했습니다.
🙁	폐교 활용 방안을 분명하게 제시하지 못하고, 이유도 설득력 있게 제시하지 못했습니다.

16 단일어와 복합어

- 시작 상황을 나타내는 말에 ○
- 친구들이 한 행동에 〰
- 선생님이 하신 말씀에 [ ]

✦ 새로 알게 된 낱말이나 어려운 낱말을 써 보세요.

3회독 ✦ 내가 표시한 내용과 예시 답을 비교하며 읽어 보세요.

수업 시작해야지요

1연 (수업 시작종)이 울리니
시작 상황을 나타내는 말
준호는 우유를 마셔요
친구들이 한 행동
서현이는 화장실에 가요
시원이는 닭처럼 꼬끼오
민서는 리코더 삐리리
준서는 거울 앞에서 엉엉 울어요
선아는 갑자기 머리가 아파요
수아랑 주아는 공기놀이
재원이는 화분에 물을 주고
쯔엉은 사물함에서 책을 꺼내요
선생님이 말해요
[수학 수업해야지요?]
선생님이 하신 말씀
▶ 수업 시작종이 울려도 우리는 계속 쉬고 싶어요.

2연 참, 수업 시간이지
준호는 우유를 쏟아요
서현이는 들어오다 넘어져요
시원이는 병아리처럼 삐악삐악
민서는 연주를 마무리하고
준서는 훌쩍훌쩍 눈물을 닦아요
선아는 보건실로 사라졌어요
수아랑 주아는 공깃돌을 찾고
재원이 화분에 물이 넘쳐요
쯔엉은 도덕책을 가져왔어요
빨개진 얼굴로 선생님이 말해요
[이러면 앞으로 쉬는 시간 없지요?]
▶ 수업 시간인 걸 알지만 우리는 계속 쉬고 싶어요.

3연 우리는 알아요
이래도 쉬는 시간 있다는 걸
▶ 우리는 이래도 쉬는 시간이 있다는 걸 알아요.

구조 읽기
① 시작종 ② 쉬는 시간

110~111쪽

1 (1) ○ (2) ○ **2** ③ **3** (1) 거울, 얼굴 (2) 공기놀이, 눈물 **4** ③
5 (2) ○ **6** (1) ○ **7** **예시 답안** 참고

꼼꼼한 이해

시의 구조 파악하기

1 이 시는 학교 수업 시간을 쉬는 시간처럼 보내는 친구들을 보고 쓴 시이다. 3연으로 이루어져 있고, 친구들의 행동을 재미있고 유쾌하게 표현하고 있다.

시의 내용 파악하기

2 수업 시작종이 울린 뒤 화장실에 갔던 서현이는 들어오다가 넘어졌다고 하였다. 따라서 서현이가 수업 시간에 교실로 돌아온 것을 알 수 있다.

개념의 적용

단일어와 복합어 구분하기

3 **보기**에서 더 이상 쪼갤 수 없는 낱말은 '얼굴'과 '거울'이다. '공기놀이, 눈물'은 각각 '공기+놀이', '눈+물'로 나눌 수 있다.

단일어와 복합어 구분하기

4 **보기**에서 '화장실'은 '화장+-실'처럼 뜻이 있는 낱말과 뜻을 더해 주는 말로 나눌 수 있으며, '사물함'은 '사물+함'처럼 뜻이 있는 낱말과 뜻이 있는 낱말로 나눌 수 있다. '병아리'는 낱말을 나누면 본디의 뜻이 없어져 더는 나눌 수 없는 단일어이다.

① 시작종: 시작+종
② 선생님: 선생+-님
④ 공깃돌: 공기+돌
⑤ 도덕책: 도덕+책

생각과 판단

시 감상하기

5 2연에서 '이러면 앞으로 쉬는 시간 없지요?'라는 선생님의 말씀을 들은 아이들이 3연에서 그럼에도 쉬는 시간이 있다는 걸 안다고 하는 것으로 보아 선생님의 성격이 너그러움을 알 수 있다.

구체적 사례에 적용하기

6 제시된 글에서 글쓴이는 쉬는 시간은 화장실이나 보건실에 다녀오거나, 다음 수업을 위해 준비하는 시간이라고 설명하고 있다. 따라서 수업 시간이 되었는데도 쉬는 시간처럼 보내는 이 시의 아이들에게 수업이 시작되면 하던 일을 멈추고 수업에 집중해야 한다고 말할 것이다.

달콤한 생각 펼치기

7 **예시 답안**

눈꺼풀이 내려온다.
고개가 떨어진다.
쉬는 시간아, 빨리 오렴.

쉬는 시간 종이 치면
책상에 엎어질 거다
꿈나라로 갈 거다.

(웃는 얼굴)	'쉬는 시간'을 글감으로 단일어와 복합어를 모두 사용해 시를 썼습니다.
(보통 얼굴)	'쉬는 시간'을 글감으로 시를 썼으나 단일어와 복합어 중 한 가지만 사용하여 썼습니다.
(찡그린 얼굴)	'쉬는 시간'을 글감으로 시를 쓰지 못했습니다.

17 글의 짜임 - 문제와 해결

문제 상황이 드러난 부분에 ○
문제를 해결하기 위한 방법에 〰
효과에 [ ]

✦ 새로 알게 된 낱말이나 어려운 낱말을 써 보세요.

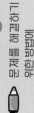

3 회독 ✦ 내가 표시한 내용과 예시 답을 비교하며 읽어 보세요.

청소년 시력 저하를 어떻게 예방할까?

책이나 전자 기기를 가까이에서 오랫동안 보고 있으면 시력이 쉽게 떨어질 수 있다. 10대들은 공부를 하느라 책을 가까이에서 오래 읽거나 휴식 중에도 스마트폰이나 노트북 같은 전자 기기를 들여다보는 일이 많다. 그래서 대부분의 청소년들은 상이 망막 앞에 맺혀 멀리 있는 물체를 잘 보지 못하는 근시 문제를 겪는다. 10대 청소년 10명 가운데 8명이 근시라는 분석 결과가 있을 정도로 (우리나라 청소년들의 시력 저하가 심각하다.)문제 상황 청소년들의 시력이 떨어지는 것을 예방하기 위해서는 어떻게 해야 할까?

▶ 우리나라 청소년들의 시력 저하 문제가 심각한 상황이다.

첫째, 긴 시간 동안 책을 읽거나 전자 기기를 사용할 때는 중간중간 휴식을 취한다.문제 해결 방법 가까이 있는 물체를 오랜 시간 들여다보면 안구가 길어져 근시가 진행되기 쉽다. 그런데 요즘은 경쟁적인 교육 환경 탓에 과도하게 공부를 하는 청소년들이 많이 있다. 또 공부나 게임을 하면서 전자 기기를 쉼 없이 들여다보는 일도 많다. 대한안과학회에서는 이러한 이유로 나타나는 청소년 근시를 예방하기 위해 스마트폰 사용 시간을 하루 1시간 이내로 줄일 것을 권장하고 있다. 시간 제한이 어렵다면 중간중간 눈을 쉬게 해 주는 것이 필요하다. 디지털 기기를 사용하는 사이사이에 먼 곳을 바라보며 눈 근육을 풀어주면 시력 저하를 효과적으로 막을 수 있다.

▶ 책을 읽거나 전자 기기를 사용할 때 중간중간 휴식을 취한다.

둘째, 야외 활동 시간을 늘려 햇빛을 충분히 쬔다. 햇빛을 받으면 망막에서 도파민이 분비된다. 도파민은 안구가 균형 있게 발달할 수 있도록 도와주어 근시가 진행되는 것을 막는다. 2008년에 한 안과학 전문지는 싱가포르에 거주하는 중국인 학생들과 호주 시드니에 거주하는 중국인 학생들의 시력을 비교한 연구 결과를 소개했다. 싱가포르에 사는 학생들의 근시 비율이 29%인데 비해, 시드니에 사는 학생들의 근시 비율은 3%였다. 조사 대상이었던 학생들은 다른 조건은 비슷했지만, 시드니에 사는 중국인 학생들이 싱가포르에 사는 중국인 학생들보다 야외 활동 시간이 훨씬 길었다. 전문가들은 야외 활동이 눈의 근육을 풀어 주고 근시를 예방하는 효과가 있다고 말한다.

▶ 야외 활동 시간을 늘린다.

셋째, 정기적으로 안과 검진을 받는다. 근시는 대개 18세까지 진행되는데, 시력이 나빠져 사물이 흐릿하게 보이는 상태로 일상생활을 계속하면 근시 진행이 빨라질 위험이 높다. 따라서 안경이나 렌즈를 껴서 교정시력을 향상시키는 것이 중요하다. 일 년에 한두 차례 안과에 가서 눈의 건강 상태를 확인하고, 이상이 발견되면 적절한 조치를 취해야 빠른 시력 저하를 막을 수 있다.

▶ 정기적인 안과 검진을 실시한다.

한번 나빠진 눈은 다시 좋아지기 어려우므로 시력이 떨어지기 전에 예방하는 것이 중요하다. 전자 기기를 사용하는 중간중간에 휴식을 취하며, 야외 활동 시간을 늘리고, 정기적으로 안과 검진을 받는다면 [시력 저하를 예방하는 데 많은 도움이 될 것]효과이다.

▶ 시력이 떨어지기 전에 예방하는 것이 중요하다.

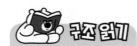

구조 읽기
① 시력 ② 야외 활동

116~117쪽

1 ② **2** (1) ① (2) ③ (3) ② **3** (3) ○ **4** (1) 전자 기기 (2) 야외 활동 (3) 안과 검진 **5** (2) ○ **6** 미정 **7** **예시 답안** 참고

꼼꼼한 이해

세부 내용 파악하기

1 햇빛을 받으면 눈 속에 있는 도파민의 양이 증가하는데, 도파민은 안구가 균형 있게 발달할 수 있도록 도와주어 근시 진행을 늦춰 준다.

① 1문단에서 대부분 청소년들이 멀리 있는 물체가 잘 보이지 않는 근시 문제를 겪는다고 하였다.

③ 1문단에서 근시가 있는 청소년들은 상이 망막 앞에 맺혀 멀리 있는 물체를 잘 보지 못한다고 하였다.

④ 4문단에서 시력이 나빠져 사물이 흐릿하게 보이는 상태로 일상생활을 계속하면 근시 진행이 빨라질 위험이 높다고 하였다.

⑤ 2문단에서 대한안과학회에서 청소년 근시를 예방하기 위해 스마트폰 사용 시간을 하루 1시간 이내로 줄일 것을 권장하고 있다고 하였다.

낱말의 뜻 알기

2 '권장'은 '권하여 장려함.'의 뜻이며, '조치'는 ' 벌어지는 사태를 잘 살펴서 필요한 대책을 세워 행함. 또는 그 대책.'을, '정기적'은 '기한이나 기간이 일정하게 정하여져 있는 것.'을 뜻하는 말이다.

개념의 적용

문제 상황 파악하기

3 이 글은 우리나라 청소년들의 시력 저하 문제의 심각성과 이를 예방할 수 있는 방법을 제시하고 있다.

문제 해결 방법 파악하기

4 글쓴이는 청소년 시력 저하를 막기 위해서 '전자 기기 사용 중간에 휴식을 취하기, 야외 활동 시간을 늘리기, 정기적인 안과 검진을 실시하기'라는 세 가지 해결 방안을 제시하고 있다.

생각과 판단

의견에 대한 근거 마련하기

5 먼 곳을 바라보면 팽팽하게 긴장된 눈 근육을 풀어 안구가 길어져 발생하는 근시를 막을 수 있다. 이러한 내용은 전자 기기를 사용하는 중간중간 휴식을 취해야 한다는 ㉠의 의견을 뒷받침하기에 적절하다.

(1) 인종에 따라 근시의 비율이 다름을 보여 주는 자료는 근시가 유전적 요인으로 발생할 수 있음을 뒷받침하는 근거이다.

구체적 상황에 적용하기

6 시력이 나빠져 사물이 흐릿하게 보이는 상태로 일상생활을 계속하면 근시 진행이 빨라질 수 있으므로 안경이나 렌즈를 껴서 교정시력을 향상시키는 것이 중요하다. 따라서 시력이 저하된 상태에서 안경을 쓰지 않겠다는 미정의 행동은 적절하지 않다.

달곰한 생각 펼치기

7 **예시 답안**

학생들의 스마트폰 중독 / 스마트폰 사용 시간을 제한하는 앱을 깔아 보자. 부모님과 의논하여 하루 스마트폰 사용 시간을 정하고, 정해진 시간이 지나면 스마트폰이 자동으로 잠기는 앱을 깔면 스마트폰 사용 시간을 제한해 중독을 막을 수 있다.

😆	문제와 그 문제의 해결 방안을 알맞게 썼습니다.
🙂	문제를 제시했으나 그 문제의 해결 방안을 제시하지 못했습니다.
🙁	문제와 그 문제의 해결 방안을 알맞게 제시하지 못했습니다.

18 전기문의 특징

- 인물이 한 일에 ○
- 인물의 생각을 알 수 있는 부분에 〰
- 시대 상황이 드러나는 부분에 [ ]

✦ 새로 알게 된 낱말이나 어려운 낱말을 써 보세요.

3회독 ✦ 내가 표시한 내용과 예시 답을 비교하며 읽어 보세요.

독립을 위해 온몸을 바친 윤봉길

[윤봉길은 일본이 우리나라의 국권을 완전히 빼앗기 직전인 1908년 충청남도 예산에서 태어났다. 그가 자라던 당시, 우리나라는 일본의 탄압으로 매우 힘든 시기를 보내고 있었다. 일본은 우리나라 사람들의 땅과 재산뿐 아니라, 말과 문화도 빼앗으려 했다. 강제로 일본어를 사용하도록 했으며, 일본 왕에게 충성을 맹세하도록 했다. 또한 일본 군인들은 총칼을 내세워 사람들을 공포로 다스렸다. 일본 경찰은 우리나라 사람들을 언제든 재판도 없이 가둘 수 있었다.] (시대 상황이 드러나는 부분)

1919년 3월 1일, 일본의 악행을 참다못한 사람들이 거리로 뛰쳐나와 태극기를 흔들며 '대한 독립 만세!'를 외쳤다. 일본은 평화적인 만세 시위를 힘으로 짓누르려 했다. 당시 11살이었던 윤봉길은 총칼을 마구 휘두르던 일본 경찰들과 피를 흘리며 힘없이 쓰러지던 사람들을 보면서, 우리나라의 독립을 위해 힘을 보태야겠다는 결심을 하였다. (인물의 생각을 알 수 있는 부분)

▶ 일본의 악행을 보면서 우리나라의 독립을 위해 힘을 보태겠다고 결심하였다.

1932년, 일본은 중국까지 빼앗겠다는 야욕을 품고 상하이를 점령하였다. 청년이 된 윤봉길은 그곳에서 (야채 장수로 일하면서, 틈틈이 일본군의 정보를 수집하며 기회를 엿보고 있었다.) (인물이 한 일)

그러던 중, 일본군이 일왕의 생일을 맞아 훙커우 공원에서 기념행사를 크게 연다는 소식이 전해졌다. 전 세계에 우리나라의 독립 의지를 보여 주기 위해 윤봉길은 (그 행사에 일본인인 척 들어가 폭탄을 던질 계획을 세웠다.) 대한민국 임시 정부의 주석인 김구가 그를 돕기로 했다.

▶ 훙커우 공원에서 폭탄을 던질 계획을 세웠다.

'내일 행사장에는 일본의 주요 인사들이 모두 오겠지. 아마 살아서 돌아오긴 힘들 것이다. 내 목숨은 이제 하루도 안 남았구나.'

거사가 하루 앞으로 다가오니 두려움과 불안감이 몰려왔다. 오래전 떠나온 고향이 눈앞에 떠오르고, 부모님과 아내, 아들의 모습이 아른거렸다.

'독립에 조금이라도 도움이 된다면!'

이틀 전 큰 태극기를 벽에 걸고 했던 선서를 떠올렸다. 그러자 다시 마음이 차분히 가라앉고 뜨거운 용기가 되살아났다.

나는 지극한 정성으로 조국의 독립과 자유를 회복하기 위해 한인 애국단의 일원이 되어 적국의 괴수들을 처단하기로 맹세합니다.

대한민국 14년(1932년) 4월 26일, 한인 애국단 앞

선서인 윤봉길

▶ 불안함을 이겨 내고 다시 마음을 다잡았다.

마침내 1932년 4월 29일 아침이 밝았다. 전날 밤을 김구와 함께 보낸 윤봉길은 의연한 모습으로 떠나야 할 시간을 기다렸다. 그의 손에는 거사를 위한 물병 모양의 폭탄과 잡혔을 때를 대비한 자결용 도시락 폭탄이 들려 있었다.

"제 시계는 6원을 주고 산 것입니다. 이제 보니 선생님 시계는 2원짜리입니다. 이제 저는 몇 시간밖에는 더 필요가 없을 것이니 제 시계와 바꾸시지요."

반드시 성공해서 살아 돌아오지 않겠다는 윤봉길의 다짐이 깃든 말이었다. 김구는 목멘 목소리로 대답했다.

"후일 지하에서 만납시다."

▶ 반드시 성공하겠다는 다짐을 하며 김구와 마지막 인사를 하였다.

구조 읽기

❶ 국권 ❷ 만세 ❸ 훙커우

122~123쪽

1 ④ **2** ㉰, ㉮, ㉯ **3** ④ **4** (1) ○ (2) ○ **5** (2) ○ **6** 은서
7 **예시 답안** 참고

꼼꼼한 이해

세부 내용 파악하기

1 당시 윤봉길은 상하이에서 야채 장수로 일하며 일본군의 정보를 수집하고 있었다.

일의 순서 파악하기

2 윤봉길은 11살 때 3·1 운동을 지켜보며 독립운동의 결의를 다졌다. 1932년 4월 26일 한인 애국단의 일원으로 선서를 한 뒤 4월 29일 훙커우 공원에서의 성공적인 거사를 다짐하며 김구와 시계를 바꿨다.

개념의 적용

시대 상황 파악하기

3 일본은 우리의 문화를 없애기 위해 일본어를 강제로 사용하도록 하였다.

인물의 마음 짐작하기

4 ㉠은 윤봉길이 3·1 운동 당시 총칼을 마구 휘두르던 일본 경찰들과 피를 흘리며 힘없이 쓰러지던 사람들을 보면서 일본의 악행에 분한 마음이 들어 한 결심이다. ㉡에는 거사 하루 전에 가족을 다시 못 볼 수도 있다는 생각에 두려움과 불안함을 느끼는 윤봉길의 마음이 담겨 있다.

(3) 다시 살아 돌아오지 못할 것을 알고 가지고 있던 시계를 김구에게 준 것이다.

생각과 판단

구체적 상황에 적용하기

5 안중근은 윤봉길처럼 우리나라의 독립을 위해 자신을 희생한 인물이다.

(1) 라이트 형제는 자신의 꿈을 이루기 위해 끝까지 포기하지 않고 노력한 인물이다.

(3) 마틴 루서 킹은 차별 없는 평등한 세상을 만드는 것을 가치 있게 생각하고 평생을 노력한 인물이다.

인물의 행동 평가하기

6 윤봉길의 용감한 행동에 전 세계가 놀라움을 감추지 못했으며, 이 일의 영향으로 대한민국의 독립을 향한 의지가 전 세계에 알려졌다. 또한 대한민국 임시 정부를 돕겠다는 단체나 사람들이 늘어났다.

달곰한 생각 펼치기

7 **예시 답안**

1592년 조선이 일본의 침략을 받아 나라를 잃을 위기에 처했을 때, 이순신은 거북선을 만들고, 적은 수의 배로 뛰어난 전술을 발휘해 많은 배를 가진 일본 함대를 물리쳤다. 이순신이 목숨을 걸고 많은 해전에서 승리한 끝에 조선은 일본의 침략을 막을 수 있었다.

😆	**보기** 중 두 가지 이상의 내용을 포함하여 인물의 가치관이 잘 드러나게 글을 썼습니다.
🙂	**보기** 중 한 가지 내용만 포함하여 인물의 가치관이 드러나게 글을 썼습니다.
🙁	**보기**의 내용을 넣지 않았고 인물의 가치관이 잘 드러나는 글을 쓰지 못했습니다.

19 이야기의 흐름

- 장면이 바뀌는 부분에 ○
- 중심 사건에 〰
- '나'의 마음이 드러나는 부분에 [ ]

✦ 새로 알게 된 낱말이나 어려운 낱말을 써 보세요.

3회독 ✦ 내가 표시한 내용과 예시 답을 비교하며 읽어 보세요.

일기 감추는 날

(오늘도) 큰 애들 세 명 속에 경수가 끼어 있다. 등을 보이고 있어서 다행스럽게도 나와 눈이 마주치지는 않았다.

장면이 바뀌는 부분 / 중심 사건

울타리를 넘으려는 애들 가운데서 경수는 작은 편이다. 다른 애들은 5학년이나 6학년인데 경수는 겨우 3학년이니까. 하지만 우리 반에서는 가장 크고 싸움도 잘한다. 게다가 이제는 큰 애들처럼 아파트 경비원 몰래 콘크리트 울타리까지 넘는다. / "동민아, 너는 저런 짓 하지 마라."

엄마가 신호를 따라 좌회전하면서 말했다.

나는 아무 말도 안 했다. [속으로만 중얼거렸다.

'나'의 마음이 드러나는 부분

'나 같은 애는 흉내도 못 내요.' / 괜히 한숨이 나왔다. 경수 때문이다.]

▶ 오늘 차 안에서 경수가 울타리를 넘는 아이들 속에 끼어 있는 것을 보았다.

(지난 토요일), 문구점에 다녀오다가 경수를 보았다. 걔는 울타리를 넘고 있었다. 다리 하나를 걸치고 기어오른 뒤에 울타리 위에서 똑바로 서려고 했던 것 같다. 하지만 똑바로 서기도 전에 나랑 눈이 마주쳤고, 곧바로 중심을 잃었다. 그러다가 곤두박질쳐 버렸다. 하필이면 덩굴장미 쪽으로 말이다.

[나는 너무 놀라서 뒤도 안 돌아보고 왔다. 재수가 없었던 것이다. 그런 모습을 보게 되다니.] / 엄마가 혀를 차며 말했다.

"멀쩡한 길 두고 왜 저런 짓을 하는지 모르겠어. 애들이란!"

나는 이번에도 엄마 말을 듣기만 했다.

['형들처럼 경수도 잘 넘었을까?'

그랬으면 좋겠다. 그러면 마음이 편해질 것 같다. 내가 등을 떠다민 것도 아닌데 경수가 고꾸라진 게 마음에 걸린다. 왜 하필 그때 그 자리에 내가 있었을까.] <중략>

▶ 지난 토요일, 경수가 울타리를 넘다 '나'와 눈이 마주친 일이 떠올랐다.

(복도에서 나와 신발을 신으려는데) 경수가 불쑥 다가왔다. 그리고 내 신발을 툭 차 버렸다.

나는 아무 말도 하지 않고 경수를 한번 보았다. 그리고 멀찌감치 나동그라진 신발을 바라보았다. / [화가 났지만 어떻게 할 수가 없었다.]

"너지? 나 일러바친 놈." / "내가 뭘……." / 경수가 바짝 다가섰다.

나는 복도 문에 등이 닿아서 뒤로 물러서지도 못했다.

"내가 울타리 넘는다고 일기에 썼지? 아니면 선생님이 내가 다친 걸 어떻게 알아? 분명히 네 짓이야!"

"나, 난 그런 거 안 썼어." / "어디 봐. 보여 줘 봐!"

경수가 식식대며 노려보았다. [나는 얼굴이 뜨거워지는 걸 느끼며 가만히 있었다. 일기장을 꺼내서 보여 주면 될 텐데 어쩐지 그러기가 싫었다.]

▶ 경수가 '내' 신발을 차 버리곤 일기에 자기가 울타리를 넘는다고 썼는지 다그쳤다.

그런데 그때였다. 수연이가 복도로 나오며 쌀쌀맞은 소리로 말했다.

"너희들 뭐 해? 선생님이 다 보셨어."

경수가 당장 물러났다. 그리고 한방 먹이는 시늉을 하더니 퉁명스레 말했다. / "나중에 보자!"

[몸이 부르르 떨렸다.] 경수가 잽싸게 가 버리고 수연이도 신발을 신자마자 가 버렸다.

나는 맨발로 걸어가서 나동그라져 있는 신발을 신었다. 그리고 복도를 보았다. 거기에 선생님은 없었다.

▶ 수연이가 선생님이 다 보셨다고 말하자 경수가 물러났다.

구조 읽기

❶ 울타리 ❷ 일기

128~129쪽

1 (1)○ **2** ① **3** (2)○ **4** ㉰, ㉱, ㉯, ㉮ **5** 도은 **6** (1)○
7 **예시 답안** 참고

꼼꼼한 이해

인물 이해하기

1 경수는 울타리를 넘다 '나'와 눈이 마주쳤고 곧바로 중심을 잃으며 곤두박질쳤다. 경수가 동민이에게 '선생님이 내가 다친 걸 어떻게 알아?'라며 따지는 것으로 보아 이때 경수가 다쳤음을 알 수 있다.

(2), (3) 경수는 우리 반에서 가장 크고 싸움을 잘하지만 울타리를 넘으려는 애들 가운데서는 몸집이 작은 편이다.

인물이 한 일 파악하기

2 지난 토요일, 동민이는 경수가 울타리를 넘는 것을 보았다.

②, ④ 동민이는 일기장에 경수의 일을 쓰지 않았지만, 일기에 그 일을 썼다고 의심하는 경수에게 일기장을 보여 주진 않았다.

③ 선생님이 다 보셨다고 말한 사람은 수연이다.

⑤ 동민이는 자기가 등을 떠다민 것도 아닌데 경수가 고꾸라진 일이 마음에 걸린다고 하였다.

개념의 적용

글의 맥락 추론하기

3 "내가 울타리 넘는다고 일기에 썼지? 아니면 선생님이 내가 다친 걸 어떻게 알아? 분명히 네 짓이야!"라는 경수의 말로 보아, 지난 토요일에 자신이 울타리를 넘다 넘어지는 것을 본 사람이 동민이뿐이어서 동민이가 그 일을 일기에 썼다고 의심하고 있음을 알 수 있다.

일이 일어난 차례 알기

4 지난 토요일, 경수가 울타리를 넘을 때 동민이와 눈이 마주쳐 중심을 잃고 곤두박질쳤다. 동민이는 엄마 차를 타고 가다 경수가 울타리를 넘는 것을 또 보았다. 학교 복도에서 신발을 신을 때 경수가 동민이의 신발을 발로 차며, 자신이 울타리를 넘는 일을 일기에 썼냐고 따졌고, 수연이가 선생님이 다 보셨다고 말하자, 나중에 보자며 물러났다.

생각과 판단

인물의 의도 추론하기

5 수연이가 선생님이 다 보셨다고 말하는 바람에 경수가 물러났지만 선생님은 계시지 않았다. 이로 보아 수연이가 동민이를 위기에서 구해 주기 위해 일부러 거짓말을 한 것이라고 짐작할 수 있다.

인물 평가하기

6 경수의 말 때문에 입맛도 떨어지고 학교 가기도 걱정스럽다고 하는 것으로 보아, 동민이가 크고 힘도 센 경수를 두려워하고 있음을 알 수 있다.

달콤한 생각 펼치기

7 **예시 답안**

나는 선생님께서 보시는 일기장에 친구의 잘못을 써도 된다고 생각한다. 일기는 내가 겪은 일을 사실대로 쓰는 것이다. 따라서 친구가 나에게 잘못된 행동을 하거나, 친구가 잘못한 일을 내가 보게 되었다면 그 일은 내가 겪은 사실이므로 일기에 써도 된다. 하지만 선생님께서는 일기를 통해 친구의 잘못을 알게 되었다고 해도 그것을 비밀로 간직하셔야지 아는 체를 하셔서 친구 사이가 나빠지게 하면 안 된다고 생각한다.

😆	일기장에 친구의 잘못을 써도 되는지에 대한 자신의 생각을 분명히 밝히고 그 까닭도 제시했습니다.
🙂	일기장에 친구의 잘못을 써도 되는지에 대한 자신의 생각을 밝혔으나 그 까닭을 제시하지 못했습니다.
🙁	일기장에 친구의 잘못을 써도 되는지에 대한 자신의 생각을 분명히 밝히지 못하고 그 까닭도 제시하지 못했습니다.

20 답사 보고서의 특징

- 답사한 장소에 ○
- 답사 목적에 ～
- 답사하며 알게 된 내용에 [ ]

✦ 새로 알게 된 낱말이나 어려운 낱말을 써 보세요.

3 회독 ✦ 내가 표시한 내용과 예시 답을 비교하며 읽어 보세요.

조선과 대한 제국의 역사가 깃든 덕수궁

사회 시간에 우리 지역의 문화유산을 조사하여 발표하기로 하였다. 나와 친구들은 지하철을 타고 한 번에 갈 수 있는 덕수궁을 답사하기로 했다. 우리는 덕수궁은 무엇을 하던 곳이며, 어떤 건물들이 있는지, 어떤 역사를 갖고 있는지 알아보기로 했다.

(답사 목적 / 답사 장소 / 계획)

▶ 우리 지역의 문화유산을 조사하여 발표하기 위해 덕수궁을 답사하기로 했다.

지하철 시청역에서 내려 출구를 나오자마자 대한문이 보였다. [대한문은 덕수궁의 정문으로 19세기 말에 지어졌다고 한다.] 마침 대한문 앞에서는 수문장 교대식이 한창이었다. 조선 시대의 수문장 복장을 한 사람들이 깃발과 창을 들고 교대식을 하는 모습이 웅장하고 멋있었다.

(답사하며 알게 된 내용)

▶ 덕수궁 정문인 대한문 앞에서 수문장 교대식을 보았다.

대한문을 통과해 들어가자 한복을 입은 해설사 선생님께서 덕수궁의 전반적인 역사를 설명해 주셨다. [덕수궁은 원래 궁궐이 아니라, 조선 9대 임금인 성종의 형이 살던 집이었다고 한다. 임진왜란 때 궁궐이 모두 불타자 선조 임금이 이곳을 임시 궁궐로 사용했다. 광해군 때 '경운궁'으로 불리다 대한 제국 때 고종이 머무르면서 고종의 장수를 기원한다는 뜻의 '덕수궁'이라는 이름을 얻고 궁궐다운 모습을 갖추게 되었다고 한다.]

▶ 덕수궁은 대한 제국 때 덕수궁이란 이름을 얻고 궁궐다운 모습을 갖추게 되었다.

제일 먼저 중화전을 둘러보았다. [중화전은 덕수궁의 중심이 되는 건물로, 왕의 즉위식을 열거나 외국 사신을 맞이하는 등 중요한 국가 행사를 치르던 곳이었다.] 중화전 안에는 임금이 앉으시던 용상과 병풍인 일월오봉도 등이 전시되어 있었다. 용상에 한번 앉아 보고 싶었지만 문화재 보호를 위해 출입을 금지하고 있어서 발길을 돌렸다.

▶ 중화전은 왕의 즉위식, 외국 사신과의 접견 등 중요한 국가적 의식을 치르던 곳이었다.

중화전 옆에는 석어당이 있었다. [조선 시대 궁궐 건물 중 유일한 2층 건물로, 아름다운 나무색을 그대로 지닌 소박한 목조 건물이었다. 단청을 하지 않은 수수한 모습]이 개성 있어 보였다.

▶ 석어당은 조선 시대 궁궐 건물 중 유일한 2층 건물로 단청을 하지 않아 소박했다.

덕수궁에서 가장 눈에 띄는 건물은 석조전이었다. [석조전은 대한 제국 시대에 지어진 서양식 건물로, 고종 황제가 외국 사신을 맞이하거나 잔치를 베풀던 곳이다. 또한 황제가 업무를 보던 공간과 황제와 황후의 생활 공간도 있었다. 석조전 내부는 무척 화려하고 아름다워서 마치 유럽의 왕궁에 온 듯한 느낌이 들었다. 고종은 석조전을 통해 대한 제국의 부흥을 꿈꿨지만 일제강점기 때 미술관으로 사용되며 치욕의 대상이 되었다고 한다.]

▶ 석조전은 대한 제국 때 지어진 서양식 건물로, 무척 화려하고 아름다웠다.

답사를 통해 [덕수궁은 조선 말기, 대한 제국 때에 궁궐의 지위를 갖추게 되었으며, 대한 제국 시기에 크고 작은 사건이 일어난 역사적 무대였음을 알게 되었다.] 조선과 대한 제국의 역사가 살아 숨 쉬는 덕수궁은 전통 목조 건물과 서양식의 건축이 함께 어우러져 독특한 아름다움을 뿜어 내는 멋진 곳이었다.

▶ 역사가 살아 숨 쉬는 덕수궁은 독특한 아름다움을 뿜어 내는 멋진 곳이었다.

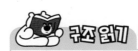

구조 읽기

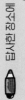

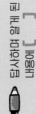

❶ 수문장 ❷ 단청 ❸ 서양식

134~135쪽

1 ㉯, ㉱, ㉮, ㉰　**2** (1) ③ (2) ② (3) ①　**3** (1) 문화유산 (2) 덕수궁
4 (2) ×　**5** (2) ○　**6** 주완　**7** **예시 답안** 참고

꼼꼼한 이해

일이 일어난 순서

1 ㉯ 덕수궁은 원래 조선 9대 임금인 성종의 형이 살던 집이었다. ㉱ 임진왜란 때 궁궐이 모두 불타자 선조 임금이 이곳을 임시 궁궐로 사용했다. ㉮ 광해군 때 경운궁으로 불리다 ㉰ 대한 제국 때 고종이 머무르면서 고종의 장수를 기원한다는 뜻의 덕수궁이란 이름을 얻었다.

세부 내용 파악하기

2 덕수궁의 중심이 되는 건물로 중요한 국가 행사를 치렀던 곳은 중화전이다. 조선 시대 궁궐 중 유일한 2층 건물로 단청을 하지 않은 소박한 목조 건물은 석어당이며, 서양식 건물로 연회를 베풀었던 곳은 석조전이다.

개념의 적용

답사 목적과 계획 파악하기

3 사회 시간에 우리 지역의 문화유산을 조사하여 발표하기 위해 덕수궁에 가서 덕수궁은 무엇을 하던 곳이며, 어떤 건물들이 있는지, 어떤 역사를 갖고 있는지 알아보기로 했다.

답사 내용 파악하기

4 중화전에 들어가 용상에 한번 앉아 보고 싶었지만 문화재 보호를 위해 출입을 금지하고 있어서 앉아 보지 못하고 발길을 돌렸다.

(1) 덕수궁에 갔을 때 마침 대한문 앞에서는 수문장 교대식이 한창이어서 조선 시대의 수문장 복장을 한 사람들이 깃발과 창을 들고 교대식을 하는 모습을 볼 수 있었다.
(3) 대한문을 통과해 들어가자 한복을 입은 해설사 선생님께서 덕수궁의 전반적인 역사를 설명해 주셨다.

생각과 판단

내용 추론하기

5 석조전은 고종 황제의 집무실이자 생활 공간이었다. 그런 공간을 일본이 개방하여 미술관으로 활용한 것은 황실과 우리 국민을 모욕하기 위한 것이었다고 판단할 수 있다.

(1) 석조전은 무척 화려하고 아름다운 공간이었다.

적절하게 반응하기

6 을사늑약이 덕수궁에서 체결된 것으로 보아, 이 글에서 말한 대로 덕수궁은 대한 제국 시기에 크고 작은 사건이 일어났던 역사적 무대였음을 알 수 있다.

달곰한 생각 펼치기

7 **예시 답안**

- 답사 목적: 자랑스러운 우리 지역의 문화유산을 알아보기 위해서
- 답사 장소: 불국사
- 답사 방법: 불국사에서 해설사님의 이야기를 듣고, 궁금한 내용 면담하기

	답사 목적, 장소, 방법 모두 알맞게 썼습니다.
	답사 목적, 장소, 방법 중 2개의 항목에 알맞은 내용을 썼습니다.
	답사 목적, 장소, 방법 중 1개의 항목만을 썼습니다.

메모

4단계 A	5단계 A	6단계 A
시의 분위기	시의 주제	운율의 효과
다의어의 뜻과 쓰임	설명하는 글을 읽는 방법	글의 설명 방법-정의와 예시
설명하는 글의 목적	표준어와 방언	문장 성분
성찰하는 글의 특징	이야기의 주제	이야기의 표현 방법
주장하는 글의 목적	주장하는 글을 읽는 방법	면담의 특징
인물의 역할	시의 소재	시의 비유적 표현
가리키는 말	설명 방법-분류	글 속의 자료
글을 읽으며 질문하기	글에 나타난 시간 표현	글 안에 쓰이는 속담
기사문의 특징	인물의 마음 변화	주장하는 글의 특징
주장하는 글의 짜임	주제에 대한 찬반 의견	문제 해결을 이끄는 토의
시적 상황	시에 나타난 경험	시에 반영된사회·문화적 상황
낱말들의 관계 - 상위어와 하위어	설명 방법-나열	매체에 담긴 관점
글을 읽은 후에 질문하기	언어의 역사성과 창조성	줄임말과 새말
회의의 특징	인물의 성격과 사건 전개	이야기의 서술자
이야기의 배경	수필의 특징	토론의 절차
설명하는 글의 짜임	배경의 역할	설화의 특성
독서 감상문에 들어가는 내용	설명 방법-과정	사회·문화 분야의 글
온라인 대화의 특징	뉴스 보도의 짜임	연설의 설득 전략
질문하며 이야기 읽기	근거의 적절성	시사성을 가진 주장하는 글
체험 학습 보고서의 특징	기행문의 요소	희곡에 나타난 복선

4단계 B	5단계 B	6단계 B
시의 감상	시의 감동적인 부분	시의 함축과 상징
낱말들의 관계 - 유의어와 반의어	어휘의 적절성	글의 설명 방법-분류와 분석
문단의 중심 내용	문장 호응	합성어와 파생어
인터뷰의 특징	이야기의 인상적인 부분	이야기에 반영된 사회·문화적 상황
주장과 근거	근거 자료의 타당성	광고 읽는 방법
이야기의 감상	시의 어조	시의 심상
이어 주는 말	비교와 대조 짜임으로 요약하기	설명하는 글의 객관성과 사실성
글의 짜임 - 시간의 흐름	뉴스의 타당성	관용 표현의 특징
기행문의 특징	이어질 내용 예측하기	근거 자료의 적절성
시에서 말하는 이	서평	기행문을 읽는 방법
글의 짜임 - 원인과 결과	시의 시상 전개	고전 소설의 특징
발표문의 특징	열거 짜임으로 요약하기	뉴스가 생활에 미치는 영향
제안하는 글의 특징	토론이 필요한 경우	언어폭력과 언어문화
서술자의 위치	작품 속 인물의 갈등	이야기의 구조
토의의 특징	문제 상황과 문제 해결	과학·기술 분야의 글
단일어와 복합어	풍자와 해학	시조의 특징
글의 짜임 - 문제와 해결	과정 짜임으로 요약하기	인문·예술 분야의 글
전기문의 특징	토론 유형	정서 표현의 글, 수필
이야기의 흐름	글에 드러나지 않은 내용 추론	글쓴이의 의도나 관점 추론
답사 보고서의 특징	희곡의 요소	시나리오의 특징

달곰한 문해력 기본서 초등 4단계 B

펴 낸 날	2024년 11월 15일(초판 1쇄)
펴 낸 이	주민홍
펴 낸 곳	(주)NE능률
지 은 이	NE능률 문해력연구회
개발책임	장명준
개 발	김경민, 유자연, 이은영, 이해준
디자인책임	오영숙
디 자 인	조가영, 한새미
제작책임	한성일
등록번호	제1-68호
I S B N	979-11-253-4888-7

대표전화	02 2014 7114
홈페이지	www.neungyule.com
주 소	서울시 마포구 월드컵북로 396(상암동) 누리꿈스퀘어 비즈니스타워 10층